Bernd Löbach

Design industrial

Bases para a configuração
dos produtos industriais

Tradução
Freddy Van Camp

Designer industrial, Diretor da Escola Superior de Desenho Industrial
ESDI / Rio de Janeiro

Título original
INDUSTRIAL DESIGN
Grundlagen der Industrieproduktgestaltung
© 1976 Bernd Löbach

Design industrial
© 2001 Editora Edgard Blücher Ltda.
1ª edição – 2001
6ª reimpressão – 2019

Blucher

Rua Pedroso Alvarenga, 1245, 4º andar
04531-934 – São Paulo – SP – Brasil
Tel.: 55 11 3078-5366
contato@blucher.com.br
www.blucher.com.br

É proibida a reprodução total ou parcial por
quaisquer meios sem autorização escrita da editora.

Todos os direitos reservados pela Editora
Edgard Blücher Ltda.

FICHA CATALOGRÁFICA

Löbach, Bernd
    Design industrial: bases para a configuração dos
produtos industriais / Bernd Löbach; tradução Freddy
Van Camp – São Paulo: Blucher, 2001.

    Título original: Industrial design – Grundlagen
der Industrieproduktgestaltung

Bibliografia
ISBN 978-85-212-0288-2 (impresso)
ISBN 978-85-212-1647-6 (ebook)

1. Design 2. Design industrial I. Título.

07-2052   CDD-745.2

Índice para catálogo sistemático:
1. Design industrial   745.2

Design industrial

Prefácio do tradutor

O autor deste livro, Bernd Löbach, sempre teve um ligação muito estreita com o ensino do design. Durante anos atuou no curso de design da *Fachhochschule* de Bielefeld, Alemanha, onde fez diversas publicações importantes. Hoje é docente da *Hochschule für Bildende Künste*, Braunschweig, onde tem continuado as suas pesquisas e publicações, sempre voltadas aos aspectos didáticos do design.

Löbach, ao elaborar o texto, se preocupou em produzir um trabalho básico, principalmente para a formação de designers industriais, tornando isso claro no subtítulo do livro. O texto é didático, mas o seu conteúdo extrapola essa característica. Quem se interessar pelo design industrial, sejam estudantes ou profissionais, tem neste livro a melhor formulação conceitual sobre o assunto. Ele é também um livro sistemático, especialmente na abordagem dos aspectos estéticos e subjetivos do design, sempre os mais difíceis de tratar na metodologia do design. Essa abordagem atingiu o objetivo ao colocar o design industrial como uma disciplina do design ambiental, além de discorrer sobre suas dimensões sociais, psíquicas, históricas, econômicas e estéticas.

Temos poucos textos básicos sobre design industrial em português, daí a decisão de traduzir este livro. A edição original em alemão, de 1976, é pouco acessível à maioria dos interessados, não sendo mais publicada. A edição em espanhol, de 1981, muito importante para a formação de várias gerações dos nossos designers, há muito se encontra esgotada e não há perspectiva de reedição. Tendo sido escrito nos anos 70, o livro contém alguns *cases* e exemplos de algumas décadas atrás que não foram atualizados, *respeitando-se a vontade do autor*. A tradução, entretanto, procurou adaptá-lo à nossa realidade, ressaltando aspectos que permitam uma compreensão dos conceitos e *cases* ilustrativos.

Sem dúvida, esse texto de Bernd Löbach vem cobrir uma lacuna existente entre nós, no sentido de estabelecer as verdadeiras bases sobre as quais repousam os princípios do design industrial, tanto nos dias atuais como no futuro.

p.11	Introdução	1
p.11	Design. A grande confusão	1.1
p.14	Objetivos deste texto e idéia do conjunto de seu conteúdo	1.2
p.16	O conceito do design	1.3
p.17	O conceito de design industrial	1.4
p.21	Design industrial. A disciplina da configuração do ambiente	1.5

p.24	Fundamentos da configuração do ambiente objetual	2
p.25	O homem. Necessidades, aspirações	2.1
p.30	Trabalho. Materialização	2.2
p.31	Objetos. Satisfação de necessidades	2.3
p.34	Objetos naturais	2.3.1
p.34	Objetos modificados da natureza	2.3.2
p.35	Objetos artísticos	2.3.3
p.36	Objetos de uso	2.3.4
p.36	Produtos artesanais	2.3.4.1
p.38	Produtos industriais	2.3.4.2

p.41	Categorias de produtos industriais	3
p.42	Produtos de consumo	3.1
p.46	Produtos de uso 1: produtos para uso individual	3.2
p.50	Produtos de uso 2: produtos para uso de determinados grupos	3.3
p.52	Produtos de uso 3: produtos para uso indireto	3.4

p.54	Funções dos produtos industriais	4
p.58	Funções práticas	4.1
p.59	Função estética	4.2
p.64	Função simbólica	4.3

p.67	Configuração prático-funcional dos produtos industriais nos séculos XIX e XX	5
p.72	Configuração prático-funcional das comunidades Shaker	5.1
p.78	Configuração prático-funcional durante a primeira fase de industrialização da Grã-Bretanha	5.2
p.81	A configuração prático-funcional da Bauhaus	5.3
p.88	Funcionalismo e crítica do funcionalismo	5.4

p.91	**Configuração simbólico-funcional de produtos industriais**	6
p.92	Circunstâncias econômico-sociais	6.1
p.93	Estratos sociais. *Status* social	6.1.1
p.95	*Status* social. Prestígio	6.1.2
p.96	Produtos Industriais como símbolos	6.2
p.97	Produtos de *status*	6.2.1
p.100	Produtos de prestígio	6.2.2
p.103	Dimensões econômicas	6.3
p.104	O designer industrial como criador de símbolos	6.4

p.107	**Design industrial na empresa industrial**	7
p.108	Situação de mercado e política industrial	7.1
p.112	Design industrial. Meio de desenvolvimento e de diferenciação de produtos	7.2
p.118	Estetização e obsolescência de produtos	7.3
p.120	A posição do designer industrial na empresa	7.4
p.123	O design industrial na Rosenthal	7.5
p.127	O design industrial na Olympia	7.6
p.131	O design industrial na Opel	7.7
p.135	O design industrial na Krupp	7.8

p.139	**O processo de design**	8
p.139	O designer industrial como criador	8.1
p.141	O processo de design — um processo de solução de problemas	8.2
p.141	Fases do processo de design	8.3
p.143	Fase 1: Análise do problema	8.3.1
p.150	Fase 2: Geração de alternativas	8.3.2
p.154	Fase 3: Avaliação das alternativas	8.3.3
p.155	Fase 4: Realização da solução do problema	8.3.4

p.156	**Estética do design industrial**	9
p.157	Comunicação estética	9.1
p.158	A estética do objeto	9.2
p.159	Figura (Gestalt)	9.2.1
p.160	Elementos configurativos	9.2.2
p.161	Forma	9.2.2.1

p.162	Material	9.2.2.2
p.163	Superfície	9.2.2.3
p.163	Cor	9.2.2.4
p.166	Constituição da figura	9.2.3
p.166	Ordem	9.2.3.1
p.169	Complexidade	9.2.3.2
p.170	Percepção estética	9.3
p.171	Perceber: ver e tornar consciente	9.3.1
p.172	Percepção dirigida por interesses	9.3.2
p.173	Importância da escassez e da abundância de informação	9.3.3
p.177	Aspectos intelectuais e emocionais da percepção	9.3.4
p.179	Valor estético	9.4
p.180	Valores estéticos	9.4.1
p.183	Normas estéticas	9.4.2
p.186	Importância da estética empírica para o design industrial	9.5

p.190	**Campos de atividade do designer industrial**	10
p.190	Campos de atividade dependentes de empresas industriais	10.1
p.190	O diretor de design	10.1.1
p.191	O designer industrial	10.1.2
p.194	O designer de sistemas de produtos	10.1.3
p.194	O consultor em design	10.1.4
p.195	Campos de atividade sem dependência de empresas industriais	10.2.
p.196	O crítico de design	10.2.1
p.197	O designer industrial como *expert* em planejamento e configuração do entorno	10.2.2
p.198	O teórico do design	10.2.3
p.199	O pedagogo do design	10.2.4

| p.200 | **Novas atividades nas escolas de design** | 11 |

	Apêndice	
p.204	Referências bibliográficas	
p.206	Índice — Pessoas, Empresas Industriais, Instituições	

Introdução 1

Design. A grande confusão 1.1

Nos últimos anos tem-se falado e escrito muito sobre o design. As empresas industriais utilizam cada vez mais o conceito de design na publicidade ("*Nós gostamos de um bom design. Esta é a nossa força". Texto publicitário da empresa de estofados COR /Alemanha*) ou incluem a palavra design na denominação da própria empresa.

A concessão de prêmios ao bom design se torna conhecida publicamente através de jornais, televisão ou revistas. As feiras especializadas onde, entre outros, estão expostos os sucessos das empresas no campo do design, estão abertas ao grande público. Desta forma o leigo se confronta com o conceito de design e supõe do que se trata sem entender suas complexas inter-relações. Como carece normalmente de um interesse especial por estas questões, a sua percepção do design e de sua problemática são apenas superficiais. Ele decora seu entorno pessoal de modo intuitivo com os respectivos produtos ou se deixa guiar pelo "bom design" tal como preconizam as revistas de decoração divulgadas por determinados grupos de interesses.

As revistas especializadas, lidas por especialistas, discutem com maior intensidade e com maior conhecimento os múltiplos aspectos do design. A desvantagem porém é que, em muitos casos, se trata, por falta de espaço, somente de aspectos parciais do design. A coerência do conjunto, dentro da qual se integram os aspectos parciais, não fica clara e não se explica o que o autor entende por design. Isto, no entanto, é essencial. Pela expansão do termo design e dos diferentes pontos de vista dos autores fica o leitor confrontado com múltiplos conceitos. Em geral, esta profusão ocasiona mais confusão do que clareza, pois os diferentes conceitos muitas vezes se contradizem. Quem se pronuncia sobre o design, deve declarar, de partida, o seu ponto de vista já que tudo o que se dirá depois será conseqüência do mesmo. Qualquer um que fale ou escreva sobre design tem de levar em consideração, no mínimo, cinco pontos, que aqui comentaremos brevemente:

a) Em primeiro lugar, o **usuário** do ambiente criado artificialmente, que utiliza esse ambiente "objetual" segundo suas necessidades, na forma de prédios ou produtos industriais, e o utiliza com naturalidade e sem maiores reflexões. O usuário talvez defina design assim: "Design é Desain."

1.
Uma possível definição apresentada pelo usuário do ambiente artificial: "design é desain".
(Foto: Manfred Deffner)

Com isto pretende dizer: "Que me importa o design? Eu escolho as coisas que me interessam entre as que estão ao meu alcance. O que se fala sobre design não me interessa."

b) A segunda postura é a do **fabricante** do ambiente criado artificialmente, por exemplo o fabricante de produtos industriais. Um empresário poderia definir assim o design:

"O design é o emprego econômico de meios estéticos no desenvolvimento de produtos, de modo que estes atraiam a atenção dos possíveis compradores, ao mesmo tempo que se otimizam os valores de uso dos produtos comercializados."

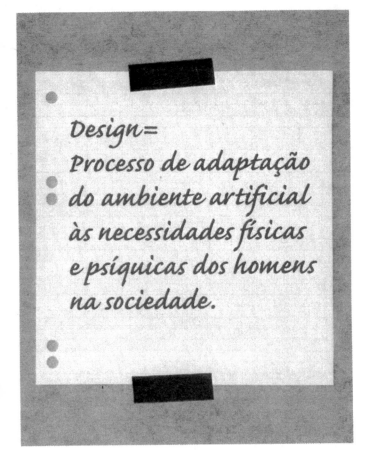

2.
O design pode ser colocado como defensor dos interesses do usuário.

c) Uma terceira posição é sustentada por um **crítico marxista**, que contempla este empresário como um explorador de seus empregados, que são obrigados a comprar o produto de seu próprio trabalho. Sua definição seria:

"O design é uma droga milagrosa para aumentar as vendas, um refinamento do capitalismo, uma bela aparência que encobre o baixo valor utilitário de uma mercadoria para elevar seu valor de troca."

d) A quarta postura é a do **designer** que, ao trabalhar no projeto de um produto, coloca-se entre os interesses do empresário e aqueles dos usuários, e deve representar os interesses destes frente àqueles. Sua definição de design seria:

"Design é um processo de resolução de problemas atendendo às relações do homem com seu ambiente técnico."

e) Uma outra postura possível seria a de se tornar **advogado** dos usuários do ambiente criado artificialmente (habitantes de um bairro, usuários de produtos industriais etc.) que – na maior parte das vezes – não podem expressar seus interesses e raramente participam dos processos de planejamento ou de design. Esta postura supõe independência de toda coação. O design poderia ser definido assim:

"Design é o processo de adaptação do ambiente 'artificial' às necessidades físicas e psíquicas dos homens na sociedade."

Esta seria a postura desejável do designer, porém normalmente, os compromissos com aquele que o contrata impedem que ele pratique o design de forma conseqüente.

Se o leitor não puder analisar com precisão de que posição são feitas as definições sobre design, sentirá insegurança e confusão ao compará-las com outras definições. Por isto é de vital importância enumerar previamente os propósitos e objetivos deste livro.

Objetivos deste texto e idéia do conjunto de seu conteúdo   1.2

Este texto adota uma posição amplamente independente, para conceituar o design industrial. Nos textos conhecidos até aqui o design industrial é abordado sob algum ponto de vista, enfatizando certos aspectos, tais como: econômico-industriais; métodos de design; ou problemas estéticos do desenvolvimento de produtos.

Aqui tentaremos apresentar todas as dimensões do design industrial. É possível considerarmos o design industrial como um processo de comunicação, como ilustra a Fig. 3. Aparece ali em primeiro lugar a relação entre o designer e o empresário. Existe uma segunda relação entre o designer e o objeto de design, o produto industrial. Esta relação se denomina, no diagrama, **processo de design**, no qual se representa a idéia da satisfação de uma necessidade na forma de um produto industrial. O natural seria começar o exame do processo de comunicação a partir do produto industrial. Entretanto,

p.14

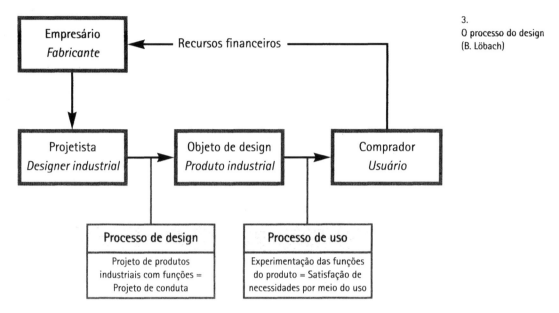

3.
O processo do design
(B. Löbach)

só seria factível quando a importância do mesmo for suficientemente clara, já que ele ocupa uma posição central no sistema. O tema que deveremos tratar em primeiro lugar é o significado do produto industrial no processo de sua utilização. Além disto, é importante observar, primeiro, a evolução sofrida pelo design de produtos no curso da história, pois só então se poderá compreender a importância do design industrial para os empresários industriais e os usuários atuais.

Com respeito ao design industrial nas empresas industriais e sua importância econômico-comercial é necessário estudar tanto a posição do designer na empresa industrial quanto temas específicos de design, como o processo de design e a estética do design. Concluindo, ao se observar os campos de maior possibilidade de atuação do designer, deve ficar claro que ele não pode atuar de maneira exclusiva em empresas industriais, mas que novas áreas de atuação se formarão e que poderão ser "conquistadas" pelo designer no futuro. A habilitação para isto deverá se dar através das ofertas de formação das escolas de design.

Primeiramente veremos algumas considerações gerais esclarecedoras.

O conceito do design

1.3

O conceito de design muitas vezes causa confusão porque nem sempre fica claro o que se quer dizer com este termo. No dicionário há diversas opções:

Design = Projeto, plano.
Esboço, desenho, croqui.
Construção, configuração, modelo.

Daí podemos deduzir que o design é uma idéia, um projeto ou um plano para a solução de um problema determinado. O design consistiria então na corporificação desta idéia para, com a ajuda dos meios correspondentes, permitir a sua transmissão aos outros. Já que nossa línguagem não é suficiente para tal, a confecção de croqui, projetos, amostras, modelos constitui o meio de tornar visualmente perceptível a solução de um problema.

Assim, o conceito de design compreende a concretização de uma idéia em forma de projetos ou modelos, mediante a construção e configuração resultando em um produto industrial passível de produção em série. O design estaria então realizando o processo configurativo.

As fases deste processo se denominam design, tanto em nível parcial, como na totalidade do processo. A confusão cresce ao ampliarmos ainda mais o conceito e considerarmos que o design também é a produção de um produto ou sistema de produtos que satisfazem às exigências do ambiente humano. Aqui podemos afirmar que o termo design é apenas um conceito geral que responde por um processo mais amplo. Ele começa pelo desenvolvimento de uma idéia, pode concretizar-se em uma fase de projeto e sua finalidade seria a resolução dos problemas que resultam das necessidades humanas.

O conceito de design é traduzido por nós como configuração. (No original alemão *Gestaltung*, termo originalmente utilizado antes da adoção do *design* – N.T.) A configuração como conceito geral mais amplo, pode ser o processo já descrito de "materialização" de uma idéia. Os dois conceitos, design e configuração, são conceitos gerais mais amplos, onde o objeto da configuração permanece em aberto. Ele fica mais específico quando o conceito de design se relacionar com outro conceito, que tenha alguma ascendência sobre ele, que será o objeto do design.

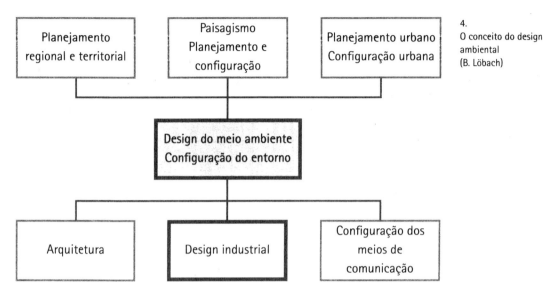

4.
O conceito do design ambiental
(B. Löbach)

O design ambiental é um bom exemplo disto. Design ambiental significa, como se sabe, configuração do meio ambiente. O conceito do ambiente se une ao do design. O resultado porém continua sendo um conceito geral, que se desdobra em vários tipos de configurações do ambiente. O design ambiental, como representado na Fig. 4, é o conceito geral para as diversas especialidades do design compreendidas na configuração do meio ambiente. O design industrial é, portanto, uma especialidade da configuração do meio ambiente que estudaremos agora com mais detalhe.

O conceito de design industrial   1.4

Nós nos perguntamos o porquê de nossa preferência por palavras estrangeiras, como por exemplo design, adotada em sua forma inglesa original. Por design industrial podemos entender toda atividade que tende a transformar em produto industrial passível de fabricação, as idéias para a satisfação de determinadas necessidades de um indivíduo ou grupo.

Quando traduzimos o conceito de *Industrial Design*, usual na Grã-Bretanha e Estados Unidos, por design industrial (ou desenho industrial como foi, e ainda é muito comum no Brasil – N.T.), podemos encontrar

Resultados da
configuração do
entorno em diversas
especialidades:

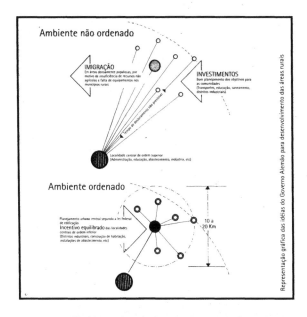

5.
Planificação regional
e territorial.
*Representação gráfica
das idéias do governo
alemão para o
desenvolvimento das
zonas rurais,*
em *Configuração
ambiental na
sociedade industrial,*
de K. Stahl/G. Curdes,
Rowohlt Verlag,
Reinbek, 1970, p. 35.

6.
Planificação e
configuração da
paisagem.
*Cruzamento das
autopistas Herne.
Interseção da rodovia
Recklinghausen-
Wuppertal,*
nº 19/52/9165,
Governo Regional de
Düsseldorf.

7.
Planificação urbana, configuração urbana. *Bairro Märkisches, em Berlim.* (Foto: Klaus Lehnartz)

8.
Arquitetura.
Edifício Olivetti em Frankfurt. Arquiteto: Egon Eiermann.

9.
Design Industrial.
Projetor para lâmpadas de vidro prensado PAR 38.
Designer:
Roger Talon.
Fabricante:
Erco-Leuchten KG, Lüdenscheid.

10.
Configuração de meios de comunicação.
Outdoor dos cigarros Reval.
Designer: Gerd Grimm.

muitas soluções que expressam com maior ou menor precisão seu significado. Aqui indicaremos apenas algumas delas.

- *Conformação Industrial* – Expressa a forma dada a um material com máquinas industriais, como quando uma chapa sofre a ação de uma prensa. É evidente que não é uma tradução correta de design industrial.
- *Estética Industrial* – Não é adequada, pois dá a entender que busca somente a beleza do produto.
- *Configuração da Forma* – Este conceito é pouco concreto, já que a configuração de produtos industriais implica algo mais que a simples determinação da forma.
- *Configuração do Produto* – Esta expressão é imprecisa em excesso. Também um artista configura produtos, esculturas por exemplo. Os pássaros também configuram produtos, os seus ninhos.
- *Configuração de Produtos Industriais* – Esta seria uma tradução adequada de Design Industrial já que ela contém todos os aspectos essenciais.
- *Desenho Industrial* – Esta é a forma que foi adotada por muito tempo mas que hoje necessita de revisão. As associações profissionais concordam em que, como na maioria dos países o termo design foi adotado de forma ampla e irrestrita, seria mais adequado grafar design industrial e que seria definido como segue: **um processo de adaptação dos produtos de uso, fabricados industrialmente, às necessidades físicas e psíquicas dos usuários ou grupos de usuários.**

Design industrial. A disciplina da configuração do ambiente   1.5

Nosso ambiente atual é o resultado da soma de múltiplos fatores, que se estabeleceram por meio de processos de planejamento, configuração e produção independentes uns dos outros. Estas ações não coordenadas apresentam em certas ocasiões efeitos secundários negativos, decorrentes da falta de uma solução global do problema. Estes aspectos negativos como a poluição ambiental, exploração sem limites das matérias-primas, sobrecarga do meio ambiente com a superprodução etc., não podem ser eliminados totalmente. Por isso é essencial compreender que, no futuro, as ações

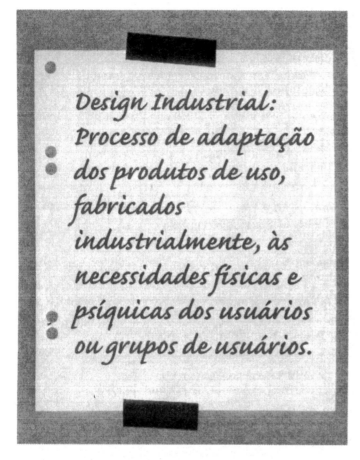

11.
Definição de design industrial.

individuais deverão ser sintonizadas umas com as outras, a fim de evitar um caos ainda maior. Em cada projeto devemos questionar em primeiro lugar a importância que ele terá para a sociedade, se o resultado do processo de planejamento e de configuração é sensato, se há aspectos negativos a considerar. Não deverão ser consideradas somente as vantagens econômicas e sim os possíveis efeitos sobre a comunidade. Isto não pode ser tarefa somente do designer ambiental mas, sim, primeiramente, dos que lhe encomendam o trabalho. Os lucros a curto prazo devem ser confrontados com os efeitos sociais a médio e longo prazos.

Como mostra a Fig. 4, a configuração de nosso ambiente é obra de seis tipos diferentes de designers ambientais que, dependendo de sua tarefa,

p.22

podem ser classificados em diversas especialidades. Normalmente os designers ambientais que atuam nas especialidades de

- planejamento regional e territorial,
- planejamento paisagístico, e
- planejamento e configuração urbana

são contratados pelos estados e municípios, o que poderia garantir a inclusão dos aspectos de interesse público nos projetos. Como isto nem sempre acontece, aqueles afetados por um planejamento (como os habitantes de um bairro) deveriam participar em maior proporção da solução do problema.

O trabalho das três especialidades citadas acima, influi em grande medida na configuração do nosso meio ambiente, porque realizam projetos bem abrangentes, de interesse público. Já que as ações neste campo são suscetíveis a leis e portarias, os trabalhos de planejamento urbano e regional, poderiam ser melhor coordenados com aqueles da configuração territorial e urbana, através da atuação política.

As especialidades restantes da configuração do ambiente são:

- arquitetura,
- design industrial, e
- configuração dos meios de comunicação

Os configuradores aqui são contratados principalmente por investidores privados, cujos interesses são movidos pelos fatores econômicos. Não será tão fácil coordenar o trabalho atendendo exclusivamente às necessidades dos usuários, grupos de usuários ou outras atividades da configuração do ambiente. Mais adiante voltaremos a isto. De imediato podemos afirmar que o design industrial é uma disciplina da configuração do ambiente com uma problemática muito própria.

Fundamentos da configuração do ambiente objetual

2

O homem como indivíduo tende a ver primeiramente os problemas da vida, com os quais é diretamente confrontado, ou nos quais esteja envolvido. Porém o indivíduo com seus problemas particulares é somente uma parte ínfima do grande complexo que é a sociedade. Quase tudo que nos rodeia tem sua origem na sociedade. Por isso toda consideração parcial, como a aqui apresentada do design industrial, só se tornará inteligível em seu conjunto quando seu desenvolvimento se der fora das relações com a sociedade.

Vivemos como homens em um sistema social complexo cujos fundamentos são a soma dos homens como indivíduos e suas inter-relações como na Fig. 12. O homem como indivíduo é um ser que atua e que através de sua atuação exerce uma ativa influência em seu meio ambiente e o modifica. A atuação do homem acontece na maioria dos casos atendendo a metas desenvolvidas conscientemente mas também é influenciado por fatores inconscientes, impulsivos e emocionais.

O homem, como parte de um sistema, apreendeu que só é capaz de subsistir cooperando com os de sua espécie, por isto busca contatos diretos ou indiretos com os demais homens. No contexto de sua conduta social acontecem duas formas marcadamente distintas de relações humanas:

- Relações humanas que se desenvolvem por meio da conduta – palavra, mímica, gesto.
- Relações "objetualizadas", que se vivem com os objetos.

As relações diretas são estudadas no âmbito da sociologia e da psicologia. Informação, comunicação, interação ou percepção social são aspectos parciais importantes que são observados nestas disciplinas. As relações indiretas, através dos objetos, foram estudadas até agora parcialmente. Existem ramos da teoria da informação na cibernética, nos campos do conhecimento da percepção estética e da psicologia da forma, da semiótica como o aprendizado dos signos e do simbologismo denotativo (símbolos denotativos = símbolos presentes). Na coluna da direita da Fig. 14 se mostra claramente mediante qual temática se pode determinar uma teoria do ambiente objetual e do correspondente efeito sobre o homem. Aqui somente podem ser contemplados alguns aspectos fundamentais, pois esta problemática é tão polivalente que exige ser tratada em um texto especializado.

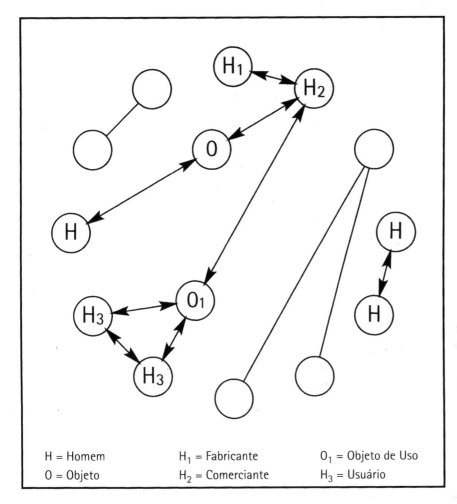

12.
Homens e Objetos interagem dentro de um sistema social complexo
(B. Löbach)

H = Homem
O = Objeto
H_1 = Fabricante
H_2 = Comerciante
O_1 = Objeto de Uso
H_3 = Usuário

O homem. Necessidades, aspirações 2.1

É opinião corrente que o homem influi em seu ambiente e o modifica mediante sua atuação. Com respeito à relação configuração ambiental/design industrial é importante esclarecer quais são as motivações do homem para influir em seu meio ambiente, para configurá-lo. Esta relação está representada na Fig. 17.

13.
Relações homem-objeto-homem. Caneta-tinteiro, uma idéia concebida para a realização da comunicação entre pessoas, que se efetua por meio da escrita.
Caneta tinteiro Lamy 2000.
Designer:
Gerd A. Müller.
Fabricante:
Josef Lamy GmbH, Heidelberg.

Tudo o que vive e continuará a viver possui necessidades inerentes. As necessidades se tornam reconhecíveis mediante os estados de tensão que governam a conduta do ser humano; são o resultado da sensação de uma deficiência que se tenta sanar. A conduta do ser humano também está dirigida por necessidades múltiplas e variadas. A aparição de necessidades nem sempre tem lógica, especialmente quando outras atividades ou processos têm preferência ocasional. Por exemplo, a necessidade de uma atividade de lazer ou recreativa surge após um extenso período de trabalho.

As **necessidades** têm origem em alguma carência e ditam o comportamento humano visando à eliminação dos estados não desejados. Isto objetiva também o restabelecimento de um estado de tranqüilidade, de distensão e equilíbrio que sofreu uma interrupção momentânea. Tensões insatisfeitas causam sentimentos de frustração. Quando as necessidades são satisfeitas, o homem sente prazer, bem-estar, relaxamento. A satisfação de necessidades pode, portanto, ser considerada como a motivação primária da atuação do homem. Da mesma forma, além das necessidades falamos de desejos, anseios e ambições dos homens que são identificados como

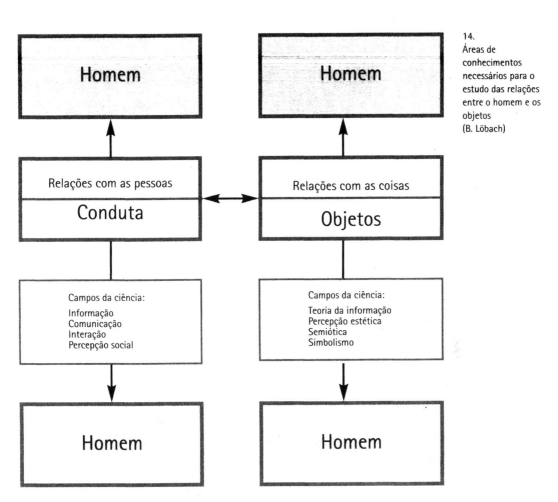

14.
Áreas de conhecimentos necessários para o estudo das relações entre o homem e os objetos
(B. Löbach)

aspirações. Em oposição às necessidades, as aspirações não são derivadas de deficiências ou faltas. As aspirações são espontâneas e surgem como conseqüência do curso das idéias e podem ser satisfeitas por um objeto que, como tal, passa a ser desejado. Com isto fica claro que um certo tipo de satisfação de necessidades ou de realização de aspirações, se alcança através do uso de objetos. O homem que experimenta uma determinada necessidade pode satisfazê-la mediante sua atividade pessoal e em seguida por meio do uso do próprio resultado, como ocorria antigamente, por exemplo, com a fabricação própria de ferramentas.

p.27

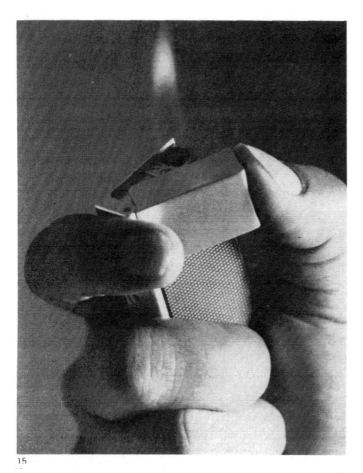

15

Sem ser dotado de órgãos suficientemente especializados para sobreviver, o homem teve de modificar com sua inteligência as condições naturais encontradas. Idealizou ferramentas que fortalecem ou complementam suas aptidões naturais, com as quais paulatinamente logrou o domínio de seu ambiente.

A fabricação de objetos cujo uso satisfaz a determinadas necessidades é feita hoje por processos industriais. Estes produtos industriais são objetos fabricados em larga escala para a satisfação de necessidades, em cujo desenvolvimento o designer industrial participa ativamente. É importante, portanto, discutir estas premissas gerais antes de comentar mais de perto a sua atividade.

15 + 16.
Relações objeto-pessoa.
Isqueiro como objeto
de comunicação.
*Isqueiro de bolso
Braun F 1.*
Fabricante: Braun AG,
Kronberg/Taunus.

Na sociedade industrial altamente desenvolvida o objetivo de quase toda atividade é a elevação do crescimento econômico e do nível de vida. Aí a satisfação de necessidades e aspirações tem um papel substancial, motivando a criação e o aperfeiçoamento de objetos. O processo se inicia com a pesquisa de necessidades e aspirações, a partir das quais se desenvolverão as idéias para sua satisfação, em forma de produtos industriais (projeto de produtos). É na transformação destas idéias em produtos de uso (desenvolvimento de produtos) que o designer industrial participa ativamente. Os outros estágios essenciais, com menor grau de participação dos designers são a fabricação de produtos, a promoção e a venda desses produtos.

Nenhuma empresa industrial funciona por muito tempo sem lucro. Quando o ciclo de negócios se completa há um incremento no capital mediante o retorno do dinheiro, que pode ser parcialmente empregado novamente no incremento da produção. Este ciclo foi apresentado no estudo "Os limites do crescimento" desenvolvido por Dennis Meadows e sua equipe no MIT – Massachusetts Institute of Technology (2).

A expansão da produção industrial, no caso dos produtos de uso, depende da satisfação das necessidades dos usuários – assim, o fabricante tem a venda garantida. Ao se alcançar um determinado grau de desenvolvimento e com ele uma saturação do mercado, é preciso descobrir ou despertar novas necessidades para se garantir a continuidade do crescimento econômico. Neste processo está integrado o designer industrial e em muitos casos ele tem a seu cargo a tarefa de tornar possível o aumento da produção através do uso de novos materiais ou encontrando novas funções ou possibilidades de uso dos produtos. A posição do designer na fabricação de objetos em forma de produtos industriais que satisfazem às necessidades será estudada mais adiante. Observaremos agora mais de perto o processo de materialização de uma idéia para a satisfação de necessidades, tal como está representada na Fig. 17, uma vez que tomamos como ponto de partida algumas idéias essenciais sobre o tema das necessidades humanas.

Trabalho. Materialização 2.2

Denominaremos trabalho ao processo de transformação por meio do qual uma idéia se transforma em objetos de uso para a satisfação de necessidades. Para satisfazer às suas necessidades e aspirações o homem atua sobre a natureza exterior, criando objetos que satisfaçam essas necessidades. Sobre isto escreve Alfred Kurella:

"Por meio do trabalho produtivo, o homem vai sucessivamente se apropriando mais e mais da natureza, assim como a conhece mais e mais, criando o especial, o novo, o que o distingue da natureza e dos outros seres viventes: um ambiente artificial em que as faculdades essenciais do homem adquirem uma forma material" (3).

Esta identidade entre o reconhecimento de uma necessidade e a materialização de uma idéia no processo de trabalho, efetuada por uma pessoa, é típica da produção para atender a necessidades próprias, porém não é mais utilizada em nossa sociedade industrial.

Nela as necessidades de determinados grupos são pesquisadas por empresas industriais e o resultado é traduzido na produção de mercadorias produzidas em massa. Os produtos podem ser adquiridos pelos interessados mediante a troca do seu valor pelo dinheiro. Eles raramente terão alguma relação com o processo de criação dos produtos. Também o trabalhador, que participa da fabricação destes produtos, tem pouca relação com os frutos do seu trabalho. Por causa da divisão do trabalho, ele conhece apenas uma parte do processo de produção. O que lhe interessa é a retribuição do seu trabalho em dinheiro para assim poder adquirir os produtos que satisfazem a suas necessidades pessoais. A materialização de idéias para a satisfação de necessidades mediante o trabalho é um tema que foi tratado extensamente por filósofos como Hegel, Marx, Markovic ou Korsch. Aqui somente se tocou no tema na medida em que tentamos elaborar um modelo compreensível.

Objetos. Satisfação de necessidades 2.3

Como já foi mencionado, muitas necessidades do homem são satisfeitas pelo uso de objetos. Isto ocorre por meio das funções dos produtos que, no processo de utilização, se manifestam como **valores de uso**. A satisfação de certas necessidades presume o desenvolvimento de determinados objetos, quer dizer produtos, no qual o designer industrial toma parte representando os interesses dos usuários.

Diante da grande variedade das necessidades humanas, cabe a pergunta: todas elas devem e podem ser satisfeitas pelos produtos correspondentes? É preciso mencionar que nem todas as necessidades humanas são satisfeitas com objetos, e este é um dos aspectos abordados neste livro.

Correspondendo às múltiplas necessidades do homem, a materialização de idéias para a satisfação dessas necessidades conduz à produção de diversos objetos, que, como indica a Fig. 17, podem se classificar em quatro categorias:

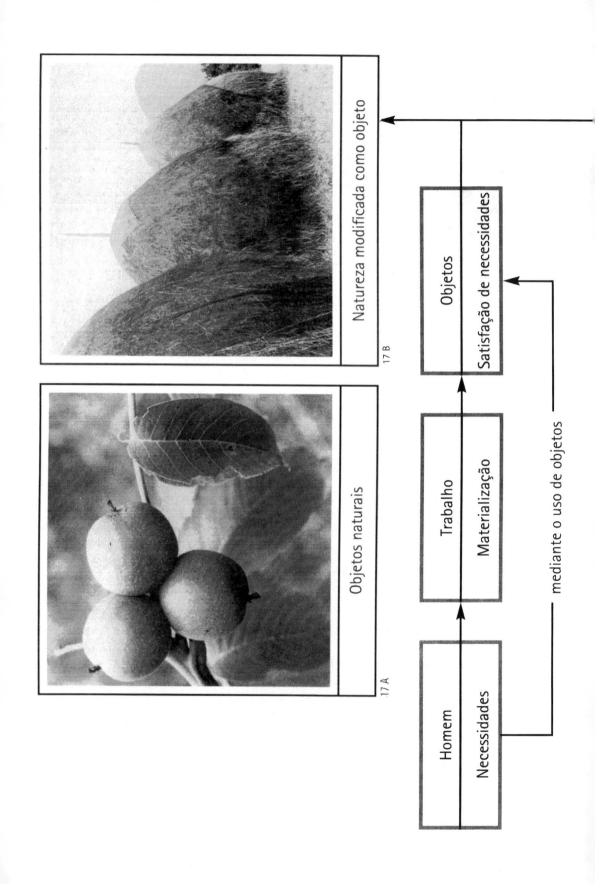

Objetos de uso

17 C

Objetos artísticos

17 D

17.
Quatro categorias de
objetos que servem
para satisfazer as
necessiades humanas.
(B. Löbach)

17A.
Objeto natural.
Nozes verdes.

17B.
Natureza modificada
como objeto.
*Montes de feno em
San Sebastian
(Espanha).*

17C.
Objeto de uso.
Poltrona Mamá.
Designer:
Gaetano Pesce.
Fabricante:
B & B, Milão (Itália).

17D.
Objeto artístico.
*Conjunto de bolas
segundo um princípio
de configuração
biomórfica.*
Autor: Horst Retzlaff.

- Objetos naturais, que existem em abundância sem influência do homem.
- Objetos modificados da natureza.
- Objetos de arte.
- Objetos de uso.

Estas quatro categorias de objetos serão estudadas em detalhe.

Objetos naturais 2.3.1

Georgi Borisowski fala da natureza como sendo uma fábrica cósmica em que se elaboram maciça e ininterruptamente produtos sem a intervenção do homem: pássaros, mariposas, árvores, besouros etc. Ele escreve que a natureza se apóia no principio da produção em massa. A matéria-prima se compõe principalmente de 12 elementos, dos quais surge a multiplicidade sem fim de produtos da natureza (4).

O próprio homem é parte integrante da natureza e pode adotar diversas posturas frente a ela. Uma delas consiste em manter-se passivo, sem modificar ou exercer nenhuma influência. Hoje em dia existem ainda sociedades que se acomodam ao seu meio ambiente.

A segunda possibilidade de conduta ante a natureza foi posta em prática pelo homem na antigüidade: a intervenção ativa, a modificação da natureza para satisfazer as necessidades humanas. As duas formas de comportamento perante a natureza são importantes para o homem já que, graças a elas pode-se subsistir física e psiquicamente. Para a subsistência física é importante a transformação da natureza em objetos de uso, cujo emprego possa satisfazer as necessidades correspondentes. Para a saúde psíquica é essencial a percepção da natureza intacta. Dado o objetivo deste livro, dedicaremos maior atenção ao ambiente criado pelo homem.

Objetos modificados da natureza 2.3.2

Durante o processo de transformação da natureza em objetos de uso ou no uso direto de produtos naturais, é comum surgirem objetos cuja importância não havia sido observada pelo homem. Tal como mostra a Fig. 17b, os montes de feno são decorrentes da ação do agricultor quando transforma o capim em feno para alimentação dos animais. Esses montes de feno, como muitos outros objetos naturais modificados, são conseqüência de processos criativos do homem e são consideradas mais ou menos manifestações estéticas (5). Tais objetos, enquanto objetos naturais, podem ter uma qualidade estética e assim ter um significado para o nosso equilíbrio psíquico.

Objetos artísticos 2.3.3

Os objetos artísticos podem ser vistos como uma classe especial de portadores de informação. Sua característica reside no fato de transmitirem uma informação que é percebida instantaneamente em sua totalidade.

Mediante a adição de elementos estéticos, como forma, cor, material, superfície etc. ao objeto artístico, se dá ao observador um conteúdo representativo, isto é, global, ao conjunto. Em contrapartida, nossa expressão oral e escrita é seqüencial, isto é, progressista. As informações transmitidas pela expressão oral são absorvidas uma após a outra e só posteriormente você tem uma visão totalizadora.

Devido à percepção global da informação no objeto artístico, este se torna especialmente adequado para transmitir relações complexas de uma forma concentrada. Além disto, o objeto artístico possui um aspecto adicional: a sua estrutura estética pode se converter na única fonte de informação. O conteúdo então é determinado pelos elementos estéticos, que exercem um certo efeito na percepção do observador. Tais objetos artísticos têm a missão de satisfazer as necessidades estéticas humanas pela otimização da informação estética correspondente à percepção sensorial do homem, o que possibilita a vivência estética.

Existe uma divisão sem sentido dos objetos artísticos em "arte útil" e "arte livre". Esta divisão é irrelevante já que todo objeto artístico é, ao mesmo tempo, objeto de uso. Os objetos utilitários são usados também para satisfazer as necessidades estéticas. Com freqüência, esta necessidade não é reconhecida e é suplantada por outras "mais necessárias à vida". A verdade é que a satisfação das necessidades estéticas não é necessária para nossa existência física, mas à nossa saúde psíquica.

As diversas categorias de objetos do nosso ambiente só podem ser abordadas de forma incompleta neste texto, porque nossa atenção se concentra principalmente naquilo que designamos como objetos de uso.

Objetos de uso 2.3.4

Pode-se definir os objetos de uso como idéias materializadas com a finalidade de eliminar as tensões provocadas pelas necessidades. A eliminação das tensões ocorre durante o processo de uso, quando o usuário desfruta das funções do objeto. Considerando que o designer industrial participa ativamente da materialização de idéias que eliminam tensões, é essencial examinar atentamente esta categoria de objetos do ambiente.

Produtos de uso constituem uma parte importante da estrutura econômica de uma sociedade. Os objetos de uso são um retrato das condições de uma sociedade. Nossos produtos de uso são produzidos maciçamente por meio de processos industriais para o consumo em massa. Daí resulta o comportamento do usuário ante o produto. Antes, os objetos de uso eram fabricados por processos manuais. A atitude do usuário frente aos produtos era diferente. As duas categorias, a da produção artesanal e a da produção industrial dos objetos de uso e o tipo de relações que se originam entre o usuário e os objetos, serão analisadas a seguir.

Produtos artesanais 2.3.4.1

Até a metade do século XIX os objetos de uso eram fabricados principalmente à mão. Neste caso se conhecem duas classes de produtos artesanais. De um lado, produtos marcados principalmente por sua função prática, integrando-se o material e o modo de fabricação. Esses produtos são freqüentemente chamados de funcionais — ou seja, não têm nenhum outro significado especial (Fig. 18). Por outro lado, existem aqueles produtos artesanais cuja importância é meramente simbólica. Apesar de estes produtos terem uma função prática, eram utilizados principalmente como objetos de representação do *status* social (Fig. 19).

18.
Produto feito à mão com função principalmente prática.
Jarra de latão, Lübeck, cerca de 1780. Coleção Dexel – Braunschweig.

19.
Objeto feito à mão com função principalmente simbólica. Simbolização de *status*.
Jarra de prata, Augsburgo, cerca de 1745.

Na produção manual os produtos eram fabricados para um reduzido número de clientes, atendendo as expectativas e aos desejos individuais desses clientes. O artesão fabricava o objeto por completo e mantinha todo o processo sob controle. Daí resulta uma relação personalista em relação ao objeto. A baixa produtividade e o preço elevado dos produtos eram compensados pela possibilidade de atender a objetivos e valores pessoais tanto do cliente como do artesão. O artesão nem sempre examinava racionalmente os detalhes dos objetos de uso que produzia. Por isto tinha liberdade para a introdução de variações e de formas novas, tendo um campo livre para a configuração emocional. Isto já não é mais possível na produção industrial seriada de dezenas de milhares de peças de objetos de uso.
Os produtos precisam ser estudados racionalmente em todos os seus detalhes pelos projetistas. Todas as unidades produzidas se igualam, sem nenhuma variação em relação ao protótipo, a não ser pequenas oscilações inerentes ao próprio processo produtivo.

20.
Objeto artesanal.
Armário tirolês,
final do século XV.
Museu Nacional
da Baviera, Munique.

Os usuários dos objetos artesanais de uso têm na maior parte das vezes uma relação pessoal com o objeto, já que o artesão podia realizar as idéias pessoais do cliente. Por outro lado, a única liberdade que sobra ao usuário de produtos industriais é a escolha entre produtos de fabricantes diferentes e, eventualmente, contentar-se com as modificações individuais usando motivos decorativos ou similares.

Produtos industriais 2.3.4.2

Os produtos industriais são objetos destinados a cobrir determinadas necessidades e são produzidos de forma idêntica para um grande número de pessoas. A lógica dos produtos industriais consiste em que, quando produzidos,

21.
*Objeto industrializado.
Cozinha modular
Poggenpohl 2000.
Carvalho maciço*
Fabricante:
Poggenpohl KG,
Herford.

devam proporcionar — pela sua venda — um lucro. Além disto, a natureza do produto deve garantir que seu uso possa efetivamente satisfazer as necessidades do usuário, já que este é único motivo que o induz a despender algum dinheiro na sua compra.

Quanto mais os designers e fabricantes visarem uma produção racional e econômica, mais os aspectos sociais da configuração dos produtos serão negligenciados. A configuração simplificada, quanto a materiais e processos produtivos, é a condição necessária para uma produção industrial que priorize o resultado econômico. Tal tipo de produção provoca um sentimento mais ou menos de antipatia aos usuários, porque objetos repetidos aos milhares possuem uma grande uniformidade. Na maior parte das vezes estes não conseguem satisfazer as necessidades psíquicas pessoais do indivíduo. Por outro lado, os produtos artesanais são sempre individuais. Neste sentido é interessante comparar as Figs. 20 e 21.

O aspecto dos produtos industriais sofre influência de múltiplos fatores, que adiante examinaremos com mais cuidado. Na produção industrial, ao contrário do que ocorre com o artesão, não pode haver um único responsável pelo resultado. Tudo o que existe é produto dos vários fatores de influência que, por sua vez, deveriam ser o resultado das necessidades e aspirações do usuário, mas – ao contrário – são determinados principalmente pelas características das matérias-primas e de processos de fabricação, por aspectos de organização comercial e de vendas do fabricante e pela conduta dos concorrentes.

No meio desta complicada estrutura da produção industrial está o designer industrial, cuja atividade é objeto da atenção deste livro. Antes de abordarmos o tema, no entanto, devemos detalhar as categorias existentes de produtos industriais e qual a importância das relações entre o usuário e o produto.

Categorias de produtos industriais 3

Nosso ambiente atual é fruto de uma acumulação de objetos que foram desenvolvidos independentemente uns dos outros e que, mediante a soma e suas inter-relações funcionais, determinam o quadro representativo deste entorno criado artificialmente. Esse conjunto de objetos acaba influenciando a conduta dos homens que vivem dentro desse ambiente. O projeto de produtos industriais significa sempre projetar as formas de conduta do usuário. Daí surge a pergunta: que tipo de conhecimentos e aptidões deve possuir um configurador deste entorno artificial? A resposta é múltipla e complicada, já que uma pergunta sobre tema tão complexo só pode ser respondida a partir de um ponto de vista diferente para cada caso.

A primeira delimitação necessária já foi efetuada. Em todo o campo de atividade de projeto do ambiente artificial, o designer industrial configura produtos de uso suscetíveis de uma produção industrial em massa. Nem mesmo com esta delimitação é possível precisar exatamente os conhecimentos e aptidões que um designer industrial deverá dominar para o exercício de sua atividade.

Um passo a mais em direção a um ponto de vista diferenciado consiste na divisão dos produtos industriais em categorias, já que categorias distintas correspondem a solicitações distintas no projeto. A divisão dos produtos em bens de consumo e bens de capital é bastante freqüente. Só que não podemos considerar esta divisão muito feliz.

Todos os produtos industriais são bens de consumo, que em um momento determinado se tornam propriedade do usuário, são utilizados e mais tarde são descartados, saindo do ciclo de consumo. Todos os produtos industriais são também bens de capital já que para cada produto uma determinada quantia de dinheiro deve ser investida antes de se ter a sua posse. Esta visão, muito comum sob a ótica empresarial, é inadequada para o estudo da problemática da configuração destes produtos.

Um ponto de partida básico para efetuar uma classificação dos produtos industriais é o fato de tais produtos possuírem funções que são exercidas durante o ciclo de consumo. Logo, é importante observar a intensidade e o tipo de interações entre o usuário e produtos industriais, especialmente durante o seu uso. É importante observar:

- como ocorre o processo de uso;
- o que significa o produto para o usuário, que valor tem para ele;

p.41

- quantas pessoas diferentes utilizam o produto; e
- se o produto é utilizado como propriedade particular (por exemplo, no caso de utensílios domésticos) ou como propriedade coletiva (por exemplo, no caso de equipamentos urbanos).

Considerando o tipo de relações entre usuário e produto, se destacam as seguintes categorias:

- Produtos de Consumo (aqueles que deixam de existir após seu uso).
- Produtos de Uso 1: para uso individual.
- Produtos de Uso 2: para uso de determinados grupos.
- Produtos de Uso 3: produtos para uso indireto.

Estas categorias serão consideradas em detalhe visando de estabelecer as diferenças para com a atividade do designer industrial.

Produtos de consumo   3.1

O consumo como fenômeno se distingue do uso como fenômeno pelo fato de o produto – ao ser consumido – deixar de existir. São produtos típicos de consumo os produtos alimentícios, que satisfazem a uma necessidade fundamental do homem. Um outro exemplo são os produtos de limpeza, como creme dental, sabonete ou polidores para automóveis. Essa classe de produtos, quando consumidos, deixam de existir. O caráter efêmero destes produtos porém, não impede que se preste atenção à sua configuração.

É evidente que determinados produtos alimentícios básicos, como legumes e frutas secas, sal ou açúcar têm uma aparência natural e não serão configurados pelo homem. Durante muito tempo estes produtos de consumo foram retirados de grandes contenedores e embalados em sacolas ou sacos sem identificação. Como resultado da concorrência, os fabricantes ou distribuidores começaram a embalar estes produtos em pequenas quantidades adequadas ao consumo, diferenciando-as pelas etiquetas e imagem corporativa. Isto resultou no aparecimento de produtos de marca, que mudaram totalmente a relação entre o consumidor e o produto.

Por meio da embalagem se chamou a atenção do interessado para um produto muito específico. O consumidor já não comprava simplesmente açúcar e, sim, uma determinada marca de açúcar de um determinado

22.
Simplificação do
consumo mediante
a embalagem em
pequenas quantidades.
*Anel abridor de latas
de pescado e bebidas.*

23.
Utilização adicional da embalagem
• com valor de uso duradouro.
*Embalagem de mostarda em forma
de copo para beber.*
Fabricante: Frenzel Senffabrik,
Düsseldorf (Alemanha).

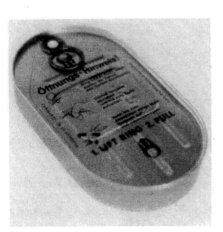

fabricante. A partir daí ficou evidente que é economicamente importante para o produtor investir na configuração da embalagem, procurando influir na decisão do consumidor. A apresentação atraente da embalagem por meio de aspectos estéticos é uma das tarefas do designer e para ela foi criada a designação de *Packaging Designer*. Estas tarefas são também executadas pelo designer gráfico ou pelo designer industrial. Quando muitos competidores oferecem produtos com qualidade semelhante pode-se atrair a atenção do consumidor por meio de fatores estéticos. Tais fatores têm maior êxito quando apresentam uma utilidade adicional, ou seja, possuem um valor adicional aos olhos do consumidor. Este valor adicional pode se manifestar assim:

- que o produto, graças à sua embalagem, se conserva fresco por mais tempo;
- que o uso do produto seja facilitado pela embalagem;
- que, depois de utilizada, a embalagem não represente nenhum dano ao meio ambiente;
- que a embalagem, após o seu uso, tenha uma segunda utilidade.

Para ilustrar estes aspectos citemos alguns exemplos:
O café é um produto que deve conservar o aroma durante o consumo. Isto é especialmente importante se o consumidor compra o café em grão que é moído na hora, na loja. O café embalado em latas ou embalagens plásticas conserva melhor o seu aroma. O mesmo acontece com biscoitos que

24.
Emprego de características estéticas no produto e na embalagem para atrair a atenção do usuário.
Maria Theresia, bombons tipo "Praline", estilo vienense.
Fabricante:
B. Sprengel & Co., Hannover (Alemanha).

permanecem frescos e crocantes por longo tempo, com uma embalagem adequada.

Existem muitos outros exemplos de embalagens que facilitam o uso e a conservação dos produtos de consumo. A embalagem do chá em envelopes individuais de papel fino é uma idéia destinada a facilitar o consumo, dispensando o uso do coador ou do filtro de metal. As alças e fechos de abertura utilizadas em latas de sardinha ou em latas de bebidas já são freqüentes e tornaram quase obsoleto o abridor de latas.

Também se reconhece a vantagem de uma embalagem projetada de forma que o seu consumo não represente nenhum dano ao meio ambiente, pois a quantidade de material não reciclável acumulada tomou proporções

25, 26, 27.
Produtos de consumo configurados segundo critérios funcionais. *Macarrão que segura o molho: Birelli, Krauselli e Shipli.* Fabricante: Birkel KG, Schwelm/Vestefália (Alemanha).

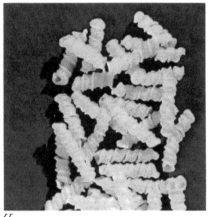

alarmantes. Este problema está sendo resolvido com a utilização de plásticos programados, que se deterioram facilmente quando descartados ou com a utilização de materiais que permitam sua reciclagem, como papéis, plásticos ou metais.

Em alguns casos, temos exemplos de produtos cuja embalagem pode ser reutilizada para outros fins. O vidro de mostarda que pode ser reutilizado como copo, é um exemplo deste caso. (Os vidros de requeijão, os potes de sorvete ou os baldes de tinta são alguns exemplos presentes em nossa realidade – N.T.)

A atividade do designer na configuração de produtos de consumo se concentrou principalmente no projeto das embalagens destes produtos e na melhoria das características do consumo. Porém esses produtos de vida efêmera que, como já foi mencionado, deixam de existir quando consumidos, têm recebido uma atenção cada vez maior por parte de seus produtores. Um claro exemplo de melhor configuração de um produto de consumo são os diversos tipos de macarrão que, devido ao seu desenho, permitem reter maior quantidade de molho.

Outros produtos atraem a preferência do consumidor pelo uso de elementos estéticos que apelam aos seus sentidos. A bela forma de uma vela pode proporcionar uma experiência visual agradável. Um sabonete com formato atraente, aliado a um perfume marcante, pode ativar o senso olfativo. Isto significa a utilização de características estéticas para agradar ao usuário. Já havia a tentativa de agradar ao consumidor mediante uma configuração agradável aos sentidos no tempo da produção artesanal. Em uma época onde a produção de produtos como biscoitos, chocolates ou bombons para consumo passou a ser em massa, sua configuração passou a ser tarefa para os designers.

Produtos de uso 1: produtos para uso individual 3.2

A verdadeira tarefa do designer industrial é a configuração de produtos de uso, que, na maioria das vezes, têm uma vida útil maior que a dos produtos de consumo. Já se sabe que os produtos de uso em algum momento também se extinguem, isto é, tornam-se inutilizáveis. Este período de tempo é, na maioria das vezes, suficientemente longo para se estabelecer uma ligação pessoal entre o usuário e o produto. Somente ao final do ciclo de uso se chega à extinção do produto.

Alguns produtos, como placas de sinalização em ruas, não têm uma relação direta com o usuário. Quanto mais distante estiver um usuário de possuir ou utilizar um produto, maior é sua indiferença em relação ao mesmo. O extremo oposto é o uso pessoal dos produtos. Na psicologia se fala da relação com o objeto na constituição das relações individuais do homem com as coisas; o produto industrial estabelece uma relação psíquica durante o processo de uso.

A intensidade das relações entre o usuário e o produto industrial é

28.
Identificação usuário-produto.
O político Herbert Wehner com seu cachimbo.
Revista *Zeit*, nº 49, 30 de novembro de 1973.
(Foto: Darchinger)

também fator decisivo que o designer industrial deve considerar, superando as pressões exercidas pelos fatores econômicos.

Um produto de uso, uma vez criado, sempre pode satisfazer a determinadas necessidades através do processo de uso. Por exemplo, a eliminação dos pêlos da barba pelo uso de um barbeador elétrico. Durante este processo se experimentam as funções do produto, um dos aspectos da relação entre usuário e produto, que estudaremos a seguir.

Produtos de uso 1: *Produtos para o uso individual.* Significa que se trata de produtos industriais usados exclusivamente por uma determinada pessoa. Daí resulta uma relação especialmente forte entre pessoa e objeto. No caso, o produto significa muito para o usuário: como se diz vulgarmente, são "unha e carne". O uso de produtos pessoais provoca uma relação contínua e estreita entre o usuário e o produto, desencadeando um processo de identificação, em que o usuário se adapta ao produto formando uma unidade, e em que este se torna parte daquele. Isto nem sempre é consciente para o usuário, mas para o público fica prontamente identificável um deles na ausência do outro. Um exemplo deste processo de identificação é a figura do

29.
Produtos de uso individual. Mediante configuração adequada facilita-se a relação do usuário com o objeto.
Caneta-tinteiro Lamy 2000, esferográfica *Lamy 2000 K* e lapiseira *Lamy 2000 D*.
Designer: Gerd A. Müller.
Fabricante: Josef Lamy GmbH, Heidelberg (Alemanha).

político Herbert Wehner e seu cachimbo. (Herbert Wehner, líder da oposição alemã na década de 70, famoso por suas intervenções críticas no Parlamento — N.T.) Havia uma associação tão estreita entre a pessoa e o produto que, quando se pensava em um cachimbo, a figura de Wehner vinha à mente de todos, a ponto de quando ele se apresentava sem o cachimbo, sua falta era imediatamente registrada. Sendo possível a identificação do usuário com o produto industrial, o designer deve possibilitar e facilitar esta identificação por meio de uma configuração adequada. As características a serem incluídas no produto devem ser escolhidas a partir do estudo do comportamento do usuário e da percepção humana. Estes aspectos variam pouco para a maioria dos usuários. Como exemplo podemos citar a capacidade de pega da mão do homem ou a faculdade do olhar humano, que pode reconhecer uma letra à distância, mesmo que pequena.

Para o fabricante, seria conveniente produzir apenas um modelo padronizado do produto. Contudo, isso restringiria as vendas, porque as preferências individuais variam bastante. Para ampliar o mercado, é necessário diversificar o desenho dos produtos para atender à diversidade de

30.
Produto para uso de determinados grupos.
Televisor Wega color 3016.
Fabricante:
Wega Radio GmbH, Feldbach (Alemanha).

desejos dos consumidores. Como exemplo, dentre vários produtos de uso individual que podemos citar estão as canetas-tinteiro, esferográficas, óculos ou relógios de pulso. Durante muito tempo os relógios de pulso foram objetos de uso sóbrio, cuja configuração era baseada na funcionalidade de leitura pelo olho humano. Hoje muitos relógios foram convertidos em elementos de moda, com pulseiras de couro perfurado, correntes metálicas, mostradores coloridos, números floreados etc. que tentam satisfazer aos desejos individuais dos consumidores. Esta tendência, a mudança rápida e a criação de muitas variantes, resulta no aumento do lucro do fabricante. Estes produtos para o uso pessoal são quase sempre submetidos a mudanças de aparência, através de uma manipulação formal, que não se relaciona com o seu funcionamento. Isto se manifesta especialmente em produtos de pequena complexidade técnica e em produtos de baixo custo de produção. Estes produtos se tornam rapidamente elementos de moda e o designer industrial passa a fazer apenas cosmética de produtos.

31.
Lavadora-secadora.
Fabricante: Siemens
Electrogeräte GmbH,
Munique (Alemanha).

Produtos de uso 2: produtos para uso de determinados grupos   3.3

A esta categoria pertencem os produtos que serão utilizados por um pequeno grupo de pessoas que se conhecem umas às outras. A propriedade se amplia a várias pessoas – por exemplo os membros de uma família ou sócios de uma agremiação esportiva. Estes produtos, como refrigeradores, mobiliário, fogão ou televisor têm seu uso à disposição de várias pessoas já que isto é

32.
As instalações públicas são utilizadas freqüentemente de forma irresponsável, devido às relações deficientes com o produto. Mediante a configuração do produto pode-se influenciar positivamente o usuário.
Cabines sanitárias públicas Casita.
Designer: Karsten Büntzow/ Fachhochschule Bielefeld (Alemanha).

mais econômico e favorece as relações entre elas. É verdade que, em uma família, cada membro sente uma certa consciência da sua responsabilidade pelo uso comum de um produto. Entretanto, as relações entre produto e usuário não são tão intensas quanto no caso do produto de uso individual exclusivo. Elas se relaxam ainda mais quando se trata de produtos utilizados por grupos maiores de usuários que não se conhecem uns aos outros. Como exemplo citaremos as instalações públicas que são utilizadas com certa irresponsabilidade. Normalmente não se tem consciência individual da co-propriedade destes produtos. Somente pela deficiente capacidade de relação com o objeto se pode compreender que mais de 60% dos banheiros públicos da cidade de Berlim, na Alemanha, precisam ser reformados anualmente, pelo fato de terem sido conscientemente depredados por seus usuários. Fica claro que o tipo de configuração de um produto influi na conduta do usuário frente ao mesmo. Isto significa que o designer industrial, ao abordar problemas de design, deve pesquisar amplamente o comportamento dos futuros usuários. Até agora, a maioria das indústrias tem dado pouca atenção a esse tipo de investigação.

Em resumo, antes de passarmos à terceira categoria de produtos de uso, concluímos que, nos produtos industriais destinados ao uso individual, o designer deve respeitar as idéias e os desejos individuais. Nesse caso, a identificação do usuário com o produto é muito forte. Nos produtos utilizados

p.51

por muitas pessoas, cada indivíduo mantém relações menos marcantes e, na maioria dos casos, não existe nenhuma identificação com eles. Aqui não é economicamente possível produzir diversas variantes do produto, cabendo ao designer industrial encontrar uma solução aceitável para o grupo de usuários. Deve-se considerar as necessidades gerais do grupo no processo de projeto, de forma que o resultado "agrade" a maioria dos usuários. Veremos adiante com que meios isto será possível.

Produtos de uso 3: produtos para uso indireto 3.4

Nesta denominação são incluídos os produtos industriais que permanecem ocultos, que não são utilizados diretamente pelos consumidores. São os produtos ou instalações de nosso mundo complexo com os quais os indivíduos geralmente não possuem relação direta. Quem conhece as turbinas de geração de energia cuja eletricidade ilumina nossos lares? Que relação temos com uma instalação de alta tensão, com os isoladores, com um transformador? A quem interessa um rolamento de esferas que está instalado em uma máquina? Poucas pessoas têm relação com estes produtos, no processo de produção, na montagem ou na manutenção. Esses produtos têm primeiramente uma função prática, e na maioria das vezes, são partes de um projeto mais amplo. A configuração destes produtos é determinada pelo fim prático, com pouca atenção ao desenvolvimento. A configuração cuidadosa tendo em vista a relação com o usuário se torna dispensável já que esta relação é apenas indireta. Quando estes produtos têm uma configuração especial, na maioria das vezes é para atender a uma necessidade de mercado e sob a pressão da concorrência, que usa esta configuração apenas como um argumento de vendas.

Neste relato sobre as diversas categorias dos produtos ficou evidente que a tarefa do designer industrial se constitui em adaptar os produtos industriais ao comportamento das pessoas durante o seu uso ou, em outras palavras, ao tipo de atividades entre usuário e o produto no processo de uso do produto.

p.52

O designer indutrial geralmente não participa no projeto desse tipo de produtos de uso indireto.

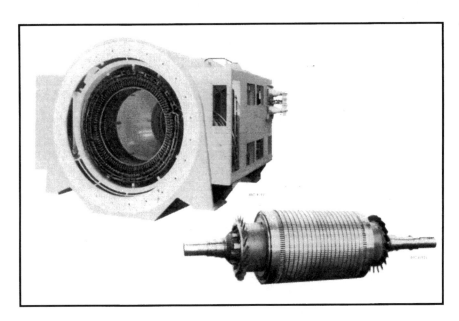

33.
Caixa e rotor de um motor com induzido.
Fabricante:
Brown, Boveri & Co.
Manheim (Alemanha).

34.
Mancal com rolamentos.
Fabricante:
FAG Kugelfischer,
Georg Schäfer & Co.
Schweinfurt
(Alemanha).

Funções dos produtos industriais   4

Mediante o emprego do conceito de função se faz mais compreensível o mundo dos objetos para o homem (6, 7).

Os aspectos essenciais das relações dos usuários com os produtos industriais são as funções dos produtos, as quais se tornam perceptíveis no processo de uso e possibilitam a satisfação de certas necessidades. Esta dependência está ilustrada na Fig. 35. Cada produto tem diferentes funções e isto fica claro se compararmos um objeto natural com um objeto de uso.

Pode-se dizer que o homem não tem nenhuma relação com uma rocha. No processo de percepção, porém, a rocha atua – por meio dos elementos estéticos de sua aparência – sobre o observador (função estética) e nos lembra, como nos mostra o exemplo da Fig. 36, uma coruja ou um abutre (função simbólica). Isto torna claro que esta rocha tem funções estéticas e simbólicas.

Com um produto industrial o usuário tem principalmente relações práticas. Um barbeador elétrico, por exemplo, possui as seguintes funções práticas:

- por meio do motor colocar em movimento as lâminas;
- por meio da adequada configuração das lâminas, eliminar os pêlos da barba;
- armazenar em uma câmara os pêlos cortados.

Além disto, o barbeador tem também dimensões estéticas como forma, cor, texturas de superfície etc. Deste exemplo pode-se concluir que os produtos possuem diversas funções, que podem ser hierarquizadas pela importância. A função principal está sempre acompanhada de outras funções secundárias, que com freqüência podem permanecer ignoradas.

Quando um projetista (o autor usa a palavra *Konstrukteur*, que tem o sentido de projetista técnico – N.T.) estabelece a função prática de um produto industrial, não pode excluir consciente ou inconscientemente a função estética, que resulta de diversas decisões tomadas durante o projeto (Fig. 41). No projeto de uma engrenagem, as funções práticas estão em primeiro plano de interesse; na maioria das vezes, a função estética e as preocupações configurativas ficam ignoradas já que uma engrenagem não necessita adaptar-se a comportamentos humanos.

No projeto de um *trailer*, entretanto, há uma maior proporção de problemas estéticos. Aqui a configuração do produto não é conseqüência somente das funções práticas que deve cumprir, mas deve-se cuidar das

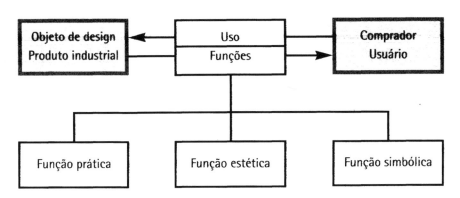

35.
Classificação das funções de um produto.
(J. Gros)

funções estéticas – especialmente em atenção aos usuários.

Quando um designer industrial projeta produtos industriais, determina as funções do produto. Isto acontece no trabalho em colaboração com o projetista, segundo um princípio de divisão de tarefas. Em muitos casos o projetista se encarrega das funções práticas dos produtos, ocupando-se o designer das funções estéticas e simbólicas. Esta divisão de funções dos produtos só será frutífera se as diferentes atividades forem coordenadas com vistas ao resultado global. Essa coordenação pode ficar nas mãos do designer industrial porque ele foi treinado para manter a visão de conjunto do produto e suas relações com o usuário, desde o primeiro momento do projeto.

Em resumo, no processo de utilização se satisfazem as necessidades do usuário dotando-se o produto de certas funções. No processo de configuração de produtos industriais, o projetista e o designer industrial devem otimizar as funções de um produto visando satisfazer às necessidades dos futuros usuários. Daí se entender que o designer industrial deve conhecer as múltiplas necessidades e aspirações dos usuários e grupos de usuários, de forma a poder dotar o produto com as funções adequadas a cada caso. Infelizmente, nas pesquisas sobre necessidades feitas até o presente pela indústria, a ênfase foi dada à pesquisa das necessidades práticas, deixando-se de lado as necessidades psíquicas e sociais dos consumidores. O designer industrial hoje em dia ainda está pouco informado sobre os futuros usuários de seus produtos e não tem uma informação segura sobre suas necessidades. As informações sobre as necessidades de futuros grupos de usuários são obtidas de segunda mão e elas muitas vezes são parciais, regidas por critérios práticos ou limitadas aos interesses das empresas produtoras. Em muitos

36.
Objeto natural com função principalmente estética e simbólica.
Rocha no porto, Córsega.

casos se solicita ao designer industrial que estabeleça as funções estéticas e simbólicas baseadas em seus estudos ou em sua experiência profissional. A configuração do produto se baseia na maioria das vezes em um processo de tentativas e erros. Caso o designer industrial, no seu trabalho, tivesse acesso a dados mais objetivos sobre as necessidades estéticas e simbólicas do futuro usuário, ou se tivesse a oportunidade de investigá-las diretamente, por meio de entrevistas ou testes, poderia então estabelecer os aspectos estéticos dos produtos segundo critérios racionais. Assim, os riscos no lançamento de novos produtos poderiam ser consideravelmente reduzidos.

O processo de desenvolvimento de produtos ocorre quase sempre segundo critérios racionais. Apenas a configuração estética formal, se dá

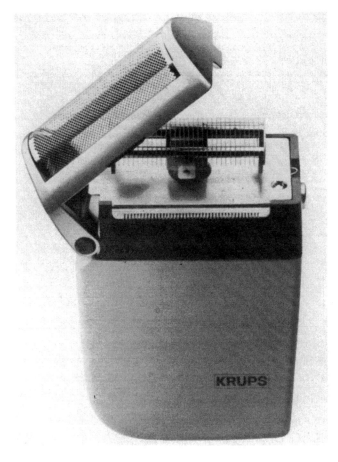

37.
Objet o de uso
com funções
principalmente
práticas.
*Barbeador elétrico
Krups Flextronic II.*
Fabricante:
Robert Krups,
Solingen (Alemanha).

pelo "processo criativo", escolhendo-se a configuração ideal dentre inúmeras alternativas geradas. Mas com que critérios? O efeito dos produtos assim configurados sobre os usuários ainda permanece ignorado e sem investigação, pois o sucesso dos produtos ainda é medido principalmente pelo seu faturamento. É propósito deste texto, tornar consciente que é preciso levar em conta as necessidades do usuário na determinação das funções estéticas e simbólicas dos produtos. Mais tarde veremos a importância delas para o usuário de produtos industriais. Isto se dá pela observação das três funções mais importantes: prática, estética e simbólica.

Funções práticas 4.1

São funções práticas todas as relações entre um produto e seus usuários que se situam no nível orgânico-corporal, isto é, fisiológicas (7). A partir daí poderíamos definir: *São funções práticas de produtos todos os aspectos fisiológicos do uso.*

Esta frase se esclarece com um exemplo. Por meio das funções práticas de uma cadeira se satisfazem as necessidades fisiológicas do usuário, facilitando ao corpo assumir uma posição para prevenir o cansaço físico. Aqui veremos algumas das funções práticas de uma cadeira, que possibilitam a satisfação desta necessidade:

- A superfície do assento suporta o peso do corpo do usuário. O efeito de pés frios, ocasionado pela pressão sob as coxas, com conseqüente deficiência de circulação nas pernas, é evitado por meio de um pronunciado arredondamento na borda frontal do assento.
- O encosto serve de apoio à coluna vertebral e relaxa os músculos das costas.
- O assento e o encosto em conjunto permitem, por meio do relaxamento dos músculos das pernas e das costas, uma queda da pressão arterial, economizando energia.
- A largura e profundidade do assento permitem liberdade de movimentos e mudanças de posição, dois fatores que evitam o cansaço do traseiro.
- Os apoios para braços suportam os braços do usuário e possibilitam uma posição de sentar ereta.
- O estofamento do assento e encosto possibilitam ventilação das superfícies apoiadas do corpo evitando-se o acúmulo do suor.

No desenvolvimento de produtos industriais têm especial importância os aspectos fisiológicos do homem. O objetivo principal do desenvolvimento de produtos é criar as funções práticas adequadas para que mediante seu uso possam satisfazer as necessidades físicas. As funções práticas dos produtos preenchem as condições fundamentais para a sobrevivência do homem e mantêm a sua saúde física.

Hoje, todos os objetos de nosso entorno material possuem uma aparência que é identificada pelo processo da percepção, atuando sobre nossa psique. Por isso é importante, para a saúde psíquica do homem, que este entorno de objetos

38.
As funções são todas as relações entre um produto e seu usuário. No processo de uso se satisfazem as necessidades do usuário por meio das funções do produto. *Cadeira em madeira moldada, modelo 406/6.* Fabricante: Wilkhahn, Eimbeckhausen.

produzidos artificialmente seja otimizado de acordo com as características perceptivas do ser humano, de tal forma que o usuário de produtos industriais, ao se deparar com eles, possa assimilá-los psiquicamente.

O uso sensorial de produtos (percepção dos produtos com os sentidos, principalmente a visual, tátil e sonora) se dá por meio das funções estéticas do produto.

Função estética 4.2

A função estética é a relação entre um produto e um usuário no nível dos processos sensoriais. A partir daí poderemos definir: *A função estética dos*

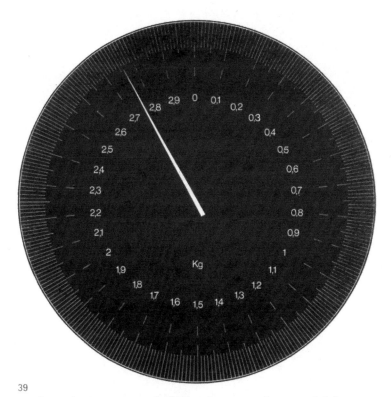

39

produtos é um aspecto psicológico da percepção sensorial durante o seu uso.

Também esta definição precisa ser esclarecida por meio de um exemplo. Criar a função estética dos produtos industriais significa configurar os produtos de acordo com as condições perceptivas do homem. Este era o objetivo principal dos exercícios práticos que foram desenvolvidos na disciplina "Problemas Práticos de Ergonomia" (Ciência do trabalho) executados por estudantes de design durante o semestre de inverno de 1973/74 da Escola Superior Profissional de Bielefeld. Como exemplo da otimização da informação visual de um produto de acordo com as condições perceptivas humanas foi executado, como se vê nas Figs. 39 e 40, um mostrador de uma balança doméstica para cozinha. Os seguintes dados deveriam ser levados em conta:

- Diâmetro da escala = 30 cm;
- Escala de medidas = 0 a 3 kg;
- Divisão em raios (comprimento e espessura);
- Ponteiro (comprimento, espessura, cor);
- Números (tamanho, espessura, ordenamento).

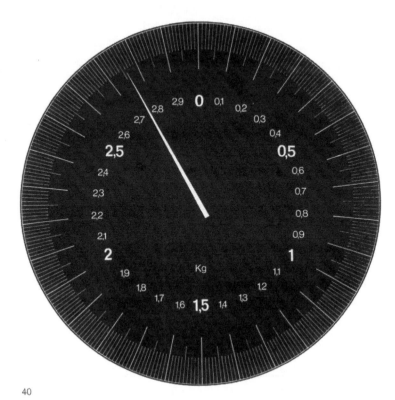

39 + 40.
Otimização de produtos atendendo às condições de percepção do homem
Escalas para balança doméstica.
Designer: Günter von Gross/Fachhochschule Bielefeld (Alemanha).

40

A Fig. 39 mostra uma solução produzida a partir da análise dos fatores de influência determinados previamente e da idéia dos estudantes. Em uma discussão sobre os resultados do exercício, chegou-se à conclusão que a ordenação dos elementos não era ótima para atrair a atenção do observador, porque não havia nenhum ponto que sobressaísse do conjunto para orientar a percepção do observador. Devido à distribuição uniforme dos elementos sobre a superfície da escala, a atividade perceptiva é dificultada, por falta de pontos referenciais.

O projeto foi modificado reforçando-se os traços, aumentando-se os números nos pontos mais importantes da escala e estruturando-se melhor o conjunto. Assim se facilitou uma melhor leitura. Isto significa para o usuário da balança poder sentir maior segurança no processo de leitura, aqui entendida como sensação, ou estado psíquico. O resultado desta modificação pode ser visto na Fig. 40.

Deste exemplo pode-se deduzir que a configuração de produtos industriais significa dotar os produtos de funções estéticas, atendendo à percepção multissensorial do usuário. Multissensorial porque são ativados todos os sentidos do homem de forma global, sendo raramente possível uma percepção unidimensional.

A criação estética do designer industrial é considerada como processo no qual se possibilita a identificação do homem com o ambiente artificial por meio da função estética dos produtos. Com isso, fica claro que a missão do designer industrial não é "a produção de belos resultados que mascaram a falta de qualidade da mercadoria" (8). A configuração do ambiente com critérios estéticos é importante para as relações do homem com os objetos que o rodeiam, pois a relação do homem com o ambiente artificial é tão importante para a saúde psíquica como os contatos com seus semelhantes. A função estética dos produtos, atendendo às condições de percepção do homem, é a tarefa principal do designer industrial.

O uso sensorial de produtos industriais depende de dois fatores essenciais:

- Das experiências anteriores com as características estéticas (forma, cor, superfície, som etc.) e, por isto,
- Da percepção consciente dessas características.

A compra de produtos industriais (o automóvel é um bom exemplo) é decidida com freqüência pelo aspecto estético, pois as funções práticas não são muito diferentes entre os concorrentes. A estética é percebida como totalidade, com pouca atenção sobre os detalhes, porque o comprador não foi treinado a valorizar as características estéticas, pois a educação estética (educação da percepção sensorial consciente), é considerada "inútil para a vida prática". A prática estética foi sempre subvalorizada em nossa sociedade.

Toda aparência material do ambiente, percebido através dos sentidos, é acompanhada de sua função estética. Ela está atrelada à configuração do objeto, à aparência do produto industrial. Visto que a aparência do produto atua positiva ou negativamente sobre o usuário ou sobre o observador, ela provoca um sentimento de aceitação ou rejeição do produto. Assim, a configuração de produtos industriais tem adquirido maior importância em nossa sociedade competitiva. Hoje em dia é impensável que empresas produtoras de mercadorias não dediquem alguma atenção à configuração dos produtos. A configuração adquire uma importância especial nesta época em que as funções práticas de produtos oferecidos por muitos concorrentes estão praticamente no mesmo nível. Isto fica evidente ao se comparar um produto

41.
Engrenagem helicoidal: aparência estética do produto não recebeu nenhuma atenção especial.

42.
Engrenagem helicoidal resultante da colaboração do projetista e do designer industrial para melhorar a estética. Fabricante: Rheinstahl-Henschel AG, Kassel (Alemanha).

industrial que somente atende à função prática, onde a função estética é mero acaso (Fig. 41), com o mesmo produto em que um designer industrial melhorou a função estética (Fig. 42). Nesta comparação fica evidente que a função estética contribui para atrair a atenção do usuário. A função estética se impõe à nossa percepção, ela se une a outras funções e as supera. Por exemplo, uma simples jaqueta protege o corpo do frio e possui principalmente funções práticas. Uma jaqueta moderna de couro com bordados e franjas atrai, por meio de sua estética, a atenção do público sobre si e sobre o seu usuário. Atrair o interesse dos possíveis compradores sobre o produto por meio da função estética é o segundo princípio da configuração de produtos.

A configuração dos produtos industriais visa, por um lado, dotar o produto com funções estéticas para possibilitar sua percepção pelo homem, e por outro lado, a estética tem o objetivo de aumentar as vendas, atraindo a atenção das pessoas para o produto e provocando o ato da compra.

No mercado competitivo, onde há a necessidade de ressaltar um objeto/produto (ou seja, chamar a atenção) se incorpora a função estética como fator de decisão do comprador. A função estética é muitas vezes mais atuante no ato da compra que as funções práticas de um produto industrial, as quais só serão percebidas, na maioria das vezes, quando se chega em casa. A função estética é percebida imediatamente e, muitas vezes, é o fator que deflagra a compra. A configuração consciente de produtos estimula a percepção do comprador e aumenta as chances de venda para o fabricante.

Aqui fica evidente que o designer industrial, além de ser um otimizador do uso sensorial dos produtos, também é um promotor de vendas, ao despertar o interesse pelos produtos.

A função estética dos produtos promove a sensação de bem-estar, identificando o usuário com o produto, durante o processo de uso. Em paralelo ao mundo da racionalidade e do pensamento lógico há o mundo dos sentimentos, que, nos dias atuais, vai se separando rapidamente de uma atitude racional remetendo à forma primitiva da experiência humana. Um estudo de Alexander Mitscherlich (9) demonstra que o pensamento econômico racional produziu, no campo do urbanismo, uma arquitetura cinza de blocos de concreto, que não satisfazem às necessidades psíquicas das pessoas. Este tipo de arquitetura impede qualquer possibilidade de relação emocional entre o homem e os blocos cinza. A deficiente função estética destas formas impede uma relação saudável com o objeto. Isso deveria estimular o designer industrial a reconsiderar tais tipos de atitude, ditadas pela lógica racional e critérios puramente econômicos.

Função simbólica 4.3

Um objeto tem função simbólica quando a espiritualidade do homem é estimulada pela percepção deste objeto, ao estabelecer ligações com suas experiências e sensações anteriores.

A partir daí poderemos definir: *A função simbólica dos produtos é determinada por todos os aspectos espirituais, psíquicos e sociais do uso.*

Antes de esclarecer isto com um exemplo devemos estabelecer o seguinte.

Um símbolo é um sinal, um signo que existe para algo. A realidade (p.ex., o Estado) que é representada por um símbolo (a bandeira) está presente no espírito humano pela presença deste símbolo. Uma pessoa pode lembrar-se do Estado, apenas pela visão da bandeira, que é o seu símbolo (10). A função simbólica dos produtos possibilita ao homem, por meio de sua capacidade espiritual, fazer associações com as experiências passadas. A função simbólica deriva dos aspectos estéticos do produto. Esta se manifesta por meio dos elementos estéticos, como forma, cor, tratamento de superfície etc.

43.
Com este cozinhador de ovos, cozer ovos se converte em um ritual. Projeto industrial com função simbólica marcada.
Cozinhador de ovos Siemens Tipo TE 6000.
Fabricante: Siemens Electrogeräte GmbH, Munique (Alemanha).

material para a associação de idéias com outros âmbitos da vida. A função simbólica de produtos industriais só será efetiva se for baseada na aparência percebida sensorialmente e na capacidade mental da associação de idéias.

Isto fica evidente na Fig. 43. O cozinhador elétrico de ovos (espécie de panela elétrica) da empresa alemã Siemens, não é meramente o resultado frio de um processo de projeto, no qual a possibilidade de arranjo de um determinado número de ovos a serem cozidos em um certo tempo, foi projetado unicamente para satisfazer as necessidades perceptivas humanas. Mediante a criação da forma e escolha dos materiais, a parte inferior em forma de cálice e a tampa de material fumê, pela qual se percebem os ovos na penumbra – o produto adquire dimensões sacras e místico-meditativas, que transformam a cocção de ovos em um ritual. Pela associação de elementos sacros na percepção do cozinhador de ovos, passa a ser evidente a sua função simbólica.

Pode-se dizer que um consumidor percebe o símbolo de uma empresa quando um produto industrial, durante seu uso, faz lembrar o seu fabricante, suas experiências no passado com este fabricante ou outros produtos da mesma marca.

Quando um determinado grupo de pessoas que possui um *status* social bem definido prefere e utiliza exclusivamente um tipo de produto industrial, pode-se dizer que esse produto passa a representar o *status* do usuário. Isso acontece, por exemplo, com talheres de prata, cristais da Boêmia, gravatas de seda e certas marcas de carros.

Nesta breve exposição das funções dos produtos ficou evidente que a função estética e a função simbólica têm estreita relação e interdependência entre si. Em seguida nos aprofundaremos ainda mais nas dimensões estéticas e simbólicas do designer industrial.

Configuração prático-funcional dos produtos industriais nos séculos XIX e XX

5

Para poder apreciar as funções do designer industrial em nosso tempo é preciso primeiramente contemplar o desenvolvimento histórico da configuração de produtos industriais. Isto não será visto do modo habitual dos historiadores da arte que apresentam a história do design industrial como obra de artistas e arquitetos.

O modo de configurar produtos industriais em uma época determinada, somente pode ser entendido pela observação e compreensão das formas de vida dos homens e do desenvolvimento da sociedade, neste determinado espaço de tempo.

Repetiremos mais uma vez uma afirmação essencial do capitulo anterior, por ser de suma importância para a compreensão retrospectiva do desenvolvimento da configuração dos produtos industriais:

No processo de utilização são satisfeitas as necessidades do usuário por meio das funções dos produtos.

Pode ser deduzido daí que as funções dos produtos existentes foram determinadas pelas necessidades dos homens que fabricaram e utilizam tais produtos. Devemos nos perguntar em que medida isto é hoje uma realidade e se no passado isto sempre ocorreu. Um ponto importante para responder a esta pergunta é a análise das funções dos produtos. Na apreciação de produtos históricos a análise das funções destes produtos permite deduzir as necessidades dos usuários e o tipo de satisfação das mesmas, assim como entender o modo de configurar os produtos.

Todo produto industrial tem uma aparência sensorialmente perceptível, determinada por elementos de configuração, forma, cor, superfície etc. Possui também uma função estética que definimos como aspecto psicológico da percepção sensorial durante o uso. A esta função estética pode-se juntar a função prática, a função simbólica ou ambas. Sempre, porém, uma das funções terá prevalência sobre as outras.

Em um produto de uso com predominância da função prática, falamos do princípio de configuração prático-funcional ou de uma estética prático-funcional.

Se predominar a função simbólica falamos de um princípio de configuração simbólico-funcional ou de uma estética simbólico-funcional.

p.67

Alguns produtos sobressaem por uma das três funções: prática, estética ou simbólica.

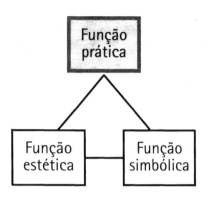

44.
Função principalmente prática.
Cadeira de jantar das comunidades Shaker.
New Lebanon (EUA) em 1890.

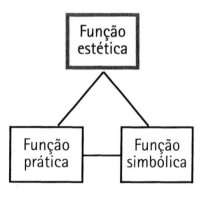

45.
Função principalmente estética.
Cadeira Red and Blue.
Design e produção: G.T. Rietveld em 1917

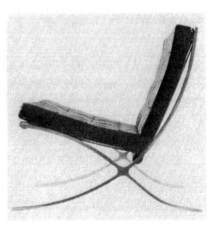

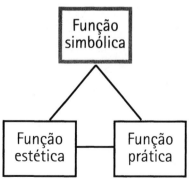

46.
Função principalmente simbólica.
Cadeira Barcelona.
Designer: Ludwig Mies van der Rohe em 1928 para o Pavilhão Alemão da Exposição Internacional de Barcelona de 1929.

Estes são os princípios aplicados na configuração dos produtos de uso que, a seguir, estudaremos em detalhe. Quando predomina a função estética no produto industrial, na maioria das vezes trata-se de um "produto de uso" que se utiliza predominantemente de forma visual. Na linguagem corrente, estes não são chamados de produtos de uso e, sim, de **objetos artísticos**. Estas relações poderão ser esclarecidas através de três exemplos de assentos, apresentados nas Figs. 44-46.

• Exemplo 1 – Cadeira de jantar das comunidades *Shaker* em New Lebanon (EUA), 1890. Adiante examinaremos com mais detalhes a comunidade *Shaker*. Antecipadamente, as comunidades *Shaker* eram sociedades religiosas que a partir de 1775 se estabeleceram nos Estados Unidos em forma de grandes familias com o objetivo de realizar o reino de Deus sobre a Terra em comunhão de fé, vida e trabalho.

A cadeira ilustrada foi desenvolvida para um sentar ereto à mesa. A superfície trançada do assento permite liberdade ao traseiro, o encosto formando ângulo reto com o assento mantém as costas do usuário em posição reta. A configuração da cadeira é determinada pela construção dos pés e travessas que proporcionam firmeza e estabilidade necessárias. O único detalhe estético são os recortes curvos nas peças do encosto, que poderiam ser paralelas, assim como a alternância de cor no trançado do assento, que poderíamos supor de uma única cor. A cadeira, no seu conjunto, apresenta uma aparência de unidade ótima para desempenho satisfatório de seu uso prático, com uso econômico de materiais e um processo de fabricação de custo mínimo. Pelo fato de esta cadeira ter sido utilizada por todos os *Shakers*, que praticavam a igualdade perante Deus, ela não tem nenhuma função simbólica indicadora de *status*. Pode-se estabelecer, então: Esta cadeira de jantar dos *Shakers* tem principalmente funções práticas, já que ao sentar-se nela se satisfazem as necessidades físicas. As funções estéticas e simbólicas têm importância secundária. Há uma unidade de função, material e manufatura ditada pela simplicidade e sobriedade, como a própria vida dos *Shakers*. É um típico exemplo de produto de uso com princípio de configuração prático-funcional.

• Exemplo 2 – *Red and Blue chair* de G.T. Rietveld, 1917. Para Rietveld, as cadeiras representavam principalmente exercícios de construção, que ele tentou resolver com os meios estéticos do construtivismo. Ele desenvolveu uma série de cadeiras construtivistas e exerceu grande influência no ensino na Bauhaus. A cadeira aqui escolhida (Fig. 45) é uma das mais conhecidas de Rietveld. Trata-se de um "objeto de uso" que prioriza principalmente sua forma visual como um objeto de arte. Provavelmente Rietveld visou, no seu desenvolvimento, exclusivamente problemas construtivos. Assim, a cadeira de modo algum é orientada para o conforto do usuário. A exagerada profundidade do assento é maior que a medida interna da coxa humana, a pronunciada inclinação para trás da superfície do assento, não possibilita uma posição de sentar confortável, dificultando inclusive levantar-se da cadeira. As necessidades dos fatores fisiológicos no assento não foram levadas em conta, a utilização de diferentes materiais e cores é considerada exagerada. Estes são os motivos, provavelmente, pelos quais esta cadeira de Rietveld não foi fabricada em escala industrial. Prioritariamente tem uma função estética, já que aquela prática quase não existe. Ela permanece como um objeto artístico que tem formas semelhantes a um objeto de uso.

• Exemplo 3 – Cadeira Barcelona de Mies van der Rohe, 1928. Esta cadeira foi desenvolvida por Mies van der Rohe para o Pavilhão Alemão na Exposição Internacional de Barcelona em 1929, (recentemente reconstruído de acordo com os planos originais e aberto ao público. NT). Van der Rohe é considerado um designer aristocrático que executava suas idéias em formas e materiais de qualidade. Nesta postura se baseia tanto a arquitetura do pavilhão como o projeto do interior, do qual faz parte a referida cadeira.

A aparência visual da cadeira é determinada pela conjunção elegante da estrutura de aço polido e o estofamento em couro. É adequada especialmente para ser usada com finalidade de representação social. Mais tarde a empresa Knoll International passou a produzir industrialmente esta cadeira com exclusividade. Hoje ela é utilizada principalmente em ambientes bancários e em salas de espera de edifícios pertencentes a grandes grupos econômicos. Devido à sua aparência fora do comum e em consonância com uma arquitetura apropriada, é muito adequada para simbolizar o *status* e o poder financeiro. Esta cadeira é um verdadeiro símbolo de *status* e tem primordialmente funções simbólicas. Isto se torna claro apenas quando se reflete sobre as relações antes mencionadas. A cadeira Barcelona de Mies van der Rohe é um exemplo típico de produto baseado no princípio de configuração simbólico-funcional.

Depois de considerar, nos três exemplos de assentos, as possíveis

47.
Casa comunitária dos Shakers em Shirley.
Edificada em 1793 por Moses Johnson; transladada em 1962 de Shirley para Hancock.

49.
Sala de reuniões da casa comunitária de Sabbathday Lake.
Edificada em 1794 por Moses Johnson.

48.
Casa da família West em Pleasant Hill.
Edificada em 1821 por Micajah Burnett.

50.
Entrada da sala de reuniões da casa comunitária de Hancock, 1830.

prioridades estabelecidas entre as funções, pode-se deduzir dois princípios de configuração de produtos de uso: o prático-funcional; e o simbólico-funcional. Poderíamos supor, ao compararmos as datas de criação destes assentos, que um princípio de configuração pode ser típico para uma determinada época. Todavia, isto não se pode generalizar pois ambos os princípios de configuração, tanto o prático-funcional como o simbólico-funcional, coexistiram no passado e ainda hoje em dia coexistem lado a lado. O que se pode afirmar é que os desenvolvimentos próprios de uma sociedade levam a uma prática maior de um princípio ou outro.

Ao examinar a evolução de produtos industriais, por meio de exemplos históricos, pode-se pesquisar até que ponto um dos princípios de configuração predominou sobre outro em certas circunstâncias sociais.

Configuração prático-funcional das comunidades *Shaker*   5.1

Os *Shaker* nos oferecem um claro exemplo de como o ambiente material sofre influência da própria forma de vida de uma comunidade, quer dizer, das possíveis formas de satisfação das necessidades dessa comunidade. A comparação entre a vida dos *Shakers* com as formas atuais de satisfação das necessidades, nos ajuda a compreender como é feita a configuração de nossos objetos.

A primeira documentação extensa em língua alemã sobre as comunidades *Shaker* foi feita por Wend Fischer e Karl Mang (11). Eles planejaram e executaram as primeiras exposições sobre os *Shakers* fora dos EUA no *Die Neue Sammlung* em Munique nos anos 70.

Depois da Guerra da Independência, os Estados Unidos abriram oportunidades a diversos povos do mundo. As comunidades que, por motivos políticos ou religiosos sentiam-se oprimidas na Europa, podiam emigrar para o Novo Mundo. Entre elas estavam os *Shakers*. Sua origem era marcada pela situação social que caracterizou o início da industrialização na Inglaterra com sua pobreza, opressão, enfermidades, miséria, desigualdade, exploração e violência. Somente uma mudança radical de vida poderia modificar esta situação. Eles tinham uma crença visionária e uma forma de vida utópica. As crenças dos *Shakers* continham os seguintes preceitos religiosos:

- Todos os homens são iguais e todos têm os mesmos direitos e deveres.
- Todos os homens são independentes e livres.
- Ninguém tem direito à propriedade privada.

O modo de viver dos *Shakers* e a configuração de seu ambiente material só será compreensível através do conhecimento de suas idéias religiosas, que Wend Fischer expõe no catálogo da exposição *Shaker*.

Os *Shakers* acreditavam que o reino de Deus começa sobre a Terra e que neste e no futuro reino todos os homens são iguais – iguais ante Deus e iguais uns perante os outros. Daí se depreendem alguns dos seus princípios de vida:

- Igualdade de direitos do homem e da mulher
- Igualdade de raças
- Igualdade de posses com a socialização dos bens

p.72

51.
Baile dos Shakers na casa comunitária de New Lebanon, meados do século XIX.

53.
Ancinho para batatas; Harvard, 1840-1859, e *Garfo para feno*, Pleasant Hill, segunda metade do século XIX.

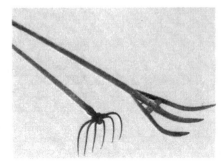

52.
Refeitório comunitário em Watervliet, 1880.

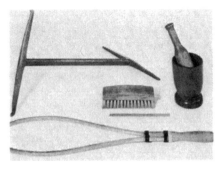

54.
Niddy-Noddy, batedor de tapetes, escova, escala graduada, socador, de diversas comunidades Shaker, fabricados entre 1825 e 1890.

55.
Cadeira de jantar dos Shakers de Alfred, 1860.

p.73

56.
Cadeira e cadeira de balanço. New Lebanon, 1890.

58.
Carretel de fiar de mesa, Hancock, cerca de 1850.

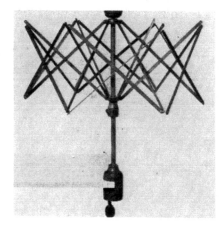

57.
Cadeira de balanço, posterior a 1876.

59.
Cadeira com apoio para braços dos Shakers, New Lebanon, 1890.

60.
Forno, Harvard,
cerca de 1840/50.
Pinças e pá para carvão, Sabbathday Lake, cerca de 1860.

61.
Chapéu e cabideiro.
Sabbathday Lake,
cerca de 1860.

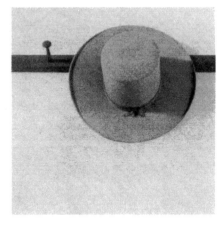

62.
Capuz feminino,
Canterbury, 1890.
Ilustrações do catálogo
Os Shakers, Die neue
Sammlung, Munique,
1974 (Alemanha).

Para os *Shakers* era impossível alcançar o reino de Deus juntamente com o "mundo profano". Isolaram-se do resto do mundo (sem desenvolver nenhuma atividade hostil contra este mundo) e formaram comunidades onde, sob o mandamento da castidade, viviam como irmãos e irmãs. As famílias *Shaker* se constituíam de 30 a 100 pessoas e sua continuidade era assegurada unicamente pela entrada de novos adeptos ou pela adoção de órfãos.

As formas de vida e os métodos de produção dos *Shakers* se baseavam nos princípios de suas crenças. Em oposição à então nascente produção industrial, com a produção repetitiva, pela divisão do trabalho marcado pela exploração capitalista dos trabalhadores, os *Shakers* produziam apenas para uso próprio e somente quando este estava a salvo do "mundo profano". Não

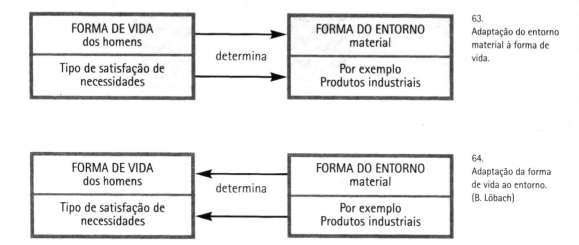

63. Adaptação do entorno material à forma de vida.

64. Adaptação da forma de vida ao entorno. (B. Löbach)

havia a especialização. Todos aprendiam diversas atividades. Isto ocasionava um trabalho mais alegre e uma maior flexibilidade individual. Eram formadas equipes que trabalhavam onde e quando houvesse maior demanda. A base da alta qualidade do trabalho dos *Shakers* era resultado de suas crenças religiosas.

A unidade religiosa e modo de vida influenciava a configuração do ambiente pessoal de elevada ordem, simplicidade e pureza. As duras condições de vida da época não deixavam espaço para a existência de outros produtos que não mostrassem primordialmente funções práticas no uso. Todos os produtos dos *Shakers* se baseiam em considerações prático-funcionais. A igualdade dos homens perante Deus se traduz nos produtos, que têm a mesma configuração. A diferenciação social por meio da diversificação dos produtos (tema de nosso próximo capitulo) lhes era desconhecida. No conjunto de seu ambiente material não houve intervenção de configuradores especializados e, sim, dos próprios membros da comunidade de acordo com regras perfeitamente estabelecidas. Nessas regras figuravam indicações precisas sobre obras, instalações de casas, mobiliário dos dormitórios, amostras de materiais a serem utilizados, cores dos produtos e indicações sobre a fabricação de mercadorias para a venda.

Em 1780 os *Shakers* começaram uma produção de móveis para uso próprio. Depois de atender as suas necessidades próprias, em 1850, estenderam a fabricação de móveis (assentos) ao "mundo profano". A partir de 1870 os móveis *Shaker* foram oferecidos ao público externo em um catálogo, no qual constavam o preço e uma descrição, junto a ilustrações dos modelos. Estes móveis foram muito apreciados pela sua alta qualidade. Na fábrica de cadeiras, construída em 1872, em Mount Lebanon, fabricaram-se cadeiras até 1935. O mais famoso produto dos *Shakers* foi a cadeira de degraus, que também foi fabricada como cadeira de balanço.

O perfeccionismo que servia de base às crenças dos *Shakers* manifestava-se no mundo dos objetos. A busca da perfeição na vida se refletia também nos objetos cotidianos. Wend Fischer assim escreve sobre os *Shakers*:

"Todas as coisas, inclusive aquelas mais discretas, eram submetidas ao imperativo da perfeição... Cada objeto deveria, em conseqüência, ser configurado de forma que se adaptasse à ordem da unidade das coisas. O sentido e o fim de cada objeto se apoiavam em seu uso. Só alcançavam a integridade aqueles objetos utilizáveis em sua forma integral. Os *Shakers* não colocavam a "forma" como meta mas sim a sua utilidade. A forma era concebida como resultado de uma configuração em busca da utilidade total do objeto... A exigência da perfeição impõe que, desde o princípio, somente sejam fabricadas coisas que sejam utilizadas efetivamente em uma vida pura e simples. O supérfluo, o inútil, o sem sentido contrariam uma perfeição determinada pelos critérios de pureza, simplicidade e unidade. Os *Shakers* consideravam que uma coisa não era boa por seus fins, mas que o fim era bom em si mesmo. À valorização da forma se antepõe a valorização da função" (11, p. 22).

Em resumo, a configuração prático-funcional dos *Shakers* era determinada pelo conceito religioso e pela vida da comunidade. Desenvolvia-se um entorno material coerente com sua forma de vida, como é ilustrado na Fig. 63. A adaptação do ambiente construído ao modo de vida servia para satisfazer as necessidades vitais prioritárias. A Fig. 64 mostra o mesmo esquema invertido. Em consideração às argumentações para a configuração simbólico-funcional, devemos mencionar que, em nossa sociedade atual, pratica-se freqüentemente este segundo princípio, oposto à forma de vida dos *Shakers*. A configuração dos produtos e as aparências do entorno, acabam condicionando as formas de vida de uma sociedade.

Configuração prático-funcional durante a primeira fase de industrialização da Grã-Bretanha 5.2

Os *Shakers* viviam em um ambiente criado por eles mesmos, afastados do "mundo profano". Mas como era este "mundo profano", qual era a rede de relações sociais, qual era a configuração do ambiente daí resultante?

A Grã-Bretanha desta época era o centro da economia mundial, graças à política colonial expansionista e sua volumosa frota mercante que, em 1750, compreendia 6.000 navios mercantes. O intercâmbio de matérias-primas de além-mar, principalmente o algodão, por produtos da indústria britânica formaram as bases para as relações econômicas mundiais. A indústria britânica se desenvolveu em virtude deste intercâmbio com o além-mar. A importação do algodão em bruto favorecia as manufaturas têxteis de Manchester. Eric J. Hobsbawm designou esta expansão da indústria têxtil entre 1780 e 1840 como sendo a primeira fase da Revolução Industrial da Grã-Bretanha (12).

Para a configuração de produtos industriais, o desenvolvimento da indústria têxtil é menos interessante que a época seguinte, quando houve desenvolvimento das indústrias de bens de produção e construção das estradas de ferro, entre 1840 e 1895. Hobsbawm a chama de segunda fase da Revolução Industrial da Grã-Bretanha.

A maior parte da indústria posterior a 1750 localizou-se no campo. A produção ocorria em forma de indústria caseira. No princípio, como complemento das tarefas agrícolas e, mais tarde, como atividade principal. Assim surgiram as colônias industriais, que dependiam dos atacadistas, que forneciam as matérias-primas e também adquiriam os produtos e alugavam os meios de produção, como teares e ferramentas. Por meio deste sistema desenvolveu-se um comércio ativo, que permitia, aos trabalhadores, adquirir seus víveres dos comerciantes e especializar-se exclusivamente na produção. Os produtos resultantes desta produção eram destinados principalmente ao mercado interno. Entretanto, não era uma produção barata e em massa para uma população bem ampla. O equipamento doméstico disponível a cada família era muito exíguo, devido ao seu limitado poder de compra. Na maioria das vezes era composto de um par de frigideiras, panelas e um forno. A configuração destes utensílios não era resultado de um projeto consciente.

Produtos da primeira fase da industrialização da Grã-Bretanha com configurações prático-funcionais.

65.
Fundição Carron.
Falkirk (Escócia),1820.

66.
Torre de extração,
Merthyr-Tidfil, 1864.

67.
Locomotiva da Messrs.
Sharp Brothers & Co.,
Manchester, 1847.

68.
Vagão de trem,
Grã-Bretanha, 1855.

69.
Locomotiva da
London & North
*Western Railway,*1870.

70.
Vapor a rodas "Great
Eastern", Isambard K. Brunel, 1853-1858.

Ilustrações do catálogo
A razão oculta, "Die Neue Sammlung", Munique, 1971

p.79

71.
Na época os produtos industrializados eram acessíveis a poucos. *Bicicleta de roda alta da Coventry Mach. Comp. Ltd.* Coventry, 1882. (Foto: Deutsches Museum, Munique)

72.
Um dos primeiros produtos de massa. *Máquina de costura da Singer Sewing Co.* A produção anual da Singer Sewing Co. em 1879 era já de 413.167 unidades.

Era ditada pelos fins, pelos materiais empregados e pelos processos de produção artesanal.

    A colônia dos *Shakers* nesta mesma época se fundamentava, como vimos, na vida comunitária e na propriedade compartilhada. A fabricação de produtos servia basicamente para atender as necessidades próprias e secundariamente para obtenção de ganhos, que eram investidos na propriedade comunitária. Todos os *Shakers* eram iguais uns perante os outros e participavam em igual medida da riqueza comum. Por outro lado, o sistema econômico britânico, aqui mostrado como exemplo de sistema desta época, baseado no princípio do capitalismo, dividia os homens em duas classes: aqueles possuidores das terras e dos meios de produção, e os trabalhadores, que colocam sua capacidade de trabalho em troca de um salário. O controle da economia se colocava nas mãos de uns poucos empresários. Os produtos industriais desta época eram os navios a vapor, estradas de ferro, máquinas e instalações industriais, configurados primeiramente dentro dos princípios puramente econômicos. Estes produtos não eram desenvolvidos para atender as necessidades da população, mas para fortalecer o sistema industrial britânico, que funcionava na base do capitalismo e progredia com a exportação dos produtos manufaturados. Por isto os produtos eram pouco direcionados ao usuário. Sua configuração, pelos motivos expostos acima, era o resultado da produção mais econômica: emprego de materiais, trabalho e processos de produção com custos reduzidos, a fim de alcançar o maior lucro possível.

A situação dos trabalhadores engajados na produção só começou a melhorar no último quarto do século XIX, depois que, entre 1863 e 1896, uma grande depressão reduziu as oportunidades da economia britânica. Outros países, neste meio tempo, se tornaram capazes de produzir por si mesmos e criaram sua própria indústria. Diminuíram as possibilidades de exportação para os produtos britânicos e muitos empresários reconheceram que o pagamento de melhores salários aumentava o poder de compra dos seus próprios trabalhadores. Estimulada pelo mercado norte-americano, a indústria britânica começou a fabricar produtos de consumo durável para a população. A máquina de costura foi um dos primeiros, nos anos de 1890.

A configuração prático-funcional da Bauhaus 5.3

Depois da virada do século, devido ao incremento do poder aquisitivo da população trabalhadora, se desenvolveu a indústria de bens de consumo, cujos produtos fabricados em massa tinham cada vez maior aceitação. Em sua maioria, foram produtos cujo uso podia satisfazer às necessidades cotidianas da vida. Estão perfeitamente ilustrados em um catálogo da empresa Alexanderwerk, de Remscheid, Alemanha, do ano de 1913. Os produtos desta época não eram ainda configurados de forma consciente. Sua aparência era resultado da atividade do projetista, que naturalmente via apenas as funções práticas e as possibilidades de produção racional como fatores mais importantes. Daí resultaram também, como no caso da máquina de cortar pão da Fig. 73, algumas soluções bastante aceitáveis em termos de configuração. Quando os produtos começaram a ser acionados por motores elétricos, as máquinas caseiras não se diferenciavam muito das máquinas de uso industrial. Foram elaborados produtos que, se analisados sob o ponto de vista atual, seriam considerados desumanos (Fig. 74).

Com a mudança de século, ainda transcorreu muito tempo até o reconhecimento do trabalho do designer industrial como atividade própria porque o configurador de produtos industriais como colaborador do projetista ainda não era conhecido. Todo o desenvolvimento ainda era conduzido integralmente pelos projetistas técnicos. Uma exceção era a AEG Algemeine Elektricitäts Gesellchaft em Berlim, Alemanha.

Produtos industriais
de um catálogo da
Alexanderwerk,
Remscheid, 1913:

73.
Máquina de cortar pão nº 320.

74.
Motor doméstico (1/4 c.v.) com máquina de ralar.

75.
Balança para pessoas e malas. Basculando-se a escala em 90º a balança de malas e embalagens servia para pesar pessoas.

76.
Máquina de lavar Saalfeldia PW 18. Era oferecida em três versões diferentes de 154, 165 e 176,50 marcos.

    Esta empresa, já em 1907, encarregou o arquiteto Peter Behrens de configurar, além dos seus prédios, os produtos e todos os seus impressos. Peter Behrens foi o primeiro configurador da Alemanha, cuja atividade coincide com as atividades de configurador que hoje designamos de designer industrial. Mas, como foi dito, a AEG se constituía em uma exceção. A maioria dos produtos industriais desta época surgiu sem a participação de configuradores. Durante a Primeira Guerra Mundial, a produção de bens se reduziu por causa da ocupação das fábricas para a produção de armamentos. Imediatamente após a guerra isto se modificou novamente com a retomada da fabricação de produtos para uso civil.

    A oferta de produtos industriais deu lugar a novas necessidades. Como um bom exemplo podemos citar a produção seriada de automóveis por Henry Ford.

    Até agora sob o título "Configuração prático-funcional dos produtos industriais nos séculos XIX e XX" e com os exemplos das comunidades *Shaker* e da primeira fase da industrialização da Grã-Bretanha, tentamos entender, a partir das relações sociais, o princípio de configuração destes

Pequenos aparelhos eletrodomésticos da AEG Allgemeine Elektricitäts Gesellschaft, Berlim.

77.
Fervedor de água AEG.
Projeto da fábrica
1904-1905.

78.
Chaleira elétrica.
Projeto:
Peter Behrens,1908.
Configuração do produto limitada a elementos essenciais da forma.

produtos. No exemplo dos *Shakers* ficou claro que o ambiente material adquiria sua configuração para atender as suas modestas necessidades. Os produtos mais importantes da primeira fase da industrialização da Grã-Bretanha foram configurados pelos princípios do sistema econômico capitalista. Usos econômicos de capital, trabalho e meios de produção marcaram a aparência visual dos produtos.

Como terceiro exemplo examinaremos aqui os produtos de configuração prático-funcional da Bauhaus, cuja aparência visual baseia-se em uma teoria estética elementar. Desde a fundação da Bauhaus em 1919, com a troca do nome da *Hochschüle für Bildende Künste Weimar* para *Staatliches Bauhaus in Weimar* e a nomeação de Walter Gropius como seu diretor, muito se escreveu e publicou sobre a Bauhaus. Não é este o lugar para apresentar a instituição Bauhaus; isto já foi feito por muitos autores como Hans M. Wingler (13). Em nosso contexto, o que interessa são as causas que levaram à configuração prático-funcional, característica dos produtos da Bauhaus.

O objetivo da Bauhaus era reunir todas as disciplinas artesanais e artísticas da construção como uma unidade sob a primazia da arquitetura.

O modelo eram os mestres de obra das catedrais da Idade Média, onde se reuniam todas as disciplinas da construção. De acordo com esta idéia, na Bauhaus existiam as mais diversas oficinas. As oficinas de metal e marcenaria, mais tarde reunidas como oficinas de construção e desenvolvimento, foram as que apresentaram os resultados mais interessantes na configuração de produtos industriais. A evolução da Bauhaus foi complicada e cheia de percalços. Os resultados do trabalho nas oficinas foram moldados por diversos interesses, disputas e influências externas. Assim, para se compreender esses resultados é necessário dar uma rápida visão das fases do desenvolvimento da Bauhaus.

A Bauhaus existiu em Weimar entre 1919 e 1925. Ela se dissolveu em 1925, ao término dos contratos dos mestres por causa de desentendimentos com o governo local e foi transladada para Dessau. Na primeira fase da Bauhaus em Weimar, quando foram chamados os mais importantes artistas da época para lecionar, o ensino era centrado nos trabalhos manuais. Tratava-se principalmente de peças feitas à mão. Isto acontecia tanto nos produtos da oficina de metal como nos de marcenaria e móveis, que eram desenvolvidos para equipar as obras projetadas por Walter Gropius, como arquiteto autônomo.

De 1925 a 1932 a Bauhaus esteve em Dessau. Walter Gropius teve a oportunidade de projetar um novo prédio para abrigar atividades de ensino. Esta segunda etapa da Bauhaus foi marcada por um crescente emprego de conhecimentos científicos na atividade de configuração. Esta tendência se consolidou a partir de 1928 com o novo diretor da Bauhaus, Hannes Meyer . Os produtos da primeira fase, feitos à mão e como peças únicas foram substituídos por produtos configurados com o objetivo de uma produção seriada e implementados em contato com empresas industriais.

A terceira etapa, que começou em 1932 com a dissolução da sede em Dessau e sua mudança para Berlim, transformando-a em entidade privada, e que acabou sendo fechada pelos nacional-socialistas, carece de interesse para nosso estudo.

A essência da configuração prático-funcional de produtos industriais da Bauhaus ocorreu durante a sua segunda fase, de 1925 a 1932. Já foi mencionado que a diferença da configuração prático-funcional dos produtos industriais da Bauhaus, em oposição aos produtos dos *Shakers* e à primeira

Teoria estética da Bauhaus – Redução de todas as configurações a formas geométricas elementares. (Ilustrações de Hans M. Wingler, *Das Bauhaus*, Gebr. Rasch & Co., Bramsche)

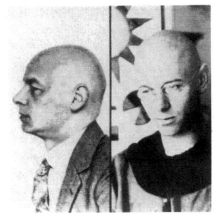

79.
Os mestres da Bauhaus, Oskar Schlemmer (esquerda) e Johannes Itten (direita), com os cabelos raspados para tornar mais evidente a forma esférica da cabeça.

Produtos da oficina de marcenaria da primeira etapa da Bauhaus:

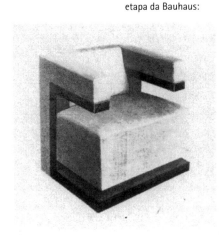

80.
Poltrona em cerejeira revestida em couro.
Projeto: Marcel Breuer, cerca de 1923.

81.
Poltrona estofada.
Cerejeira, tecido de revestimento amarelo limão.
Projeto: Walter Gropius, 1923.
Construído por alunos da Bauhaus.

fase da industrialização da Grã-Bretanha, se baseava em teorias estéticas. Os elementos de desenho utilizados na Bauhaus já tinham sido utilizados anteriormente no campo artístico. Os artistas do cubismo, do construtivismo e os artistas do "de Stjl" reduziam os elementos visuais de suas obras artísticas a figuras geométricas como o quadrado, o triângulo e o círculo e, no campo tridimensional, a elementos como o cubo, tetraedro e esfera. Pela convocação de conhecidos artistas da época como Kandinsky, Klee, Feininger, Moholy-Nagy, só para mencionar alguns, e a influência externa do grupo "de Stjl" com Mondrian, van Doesburg e Rietveld, se impôs, se praticou e se desenvolveu amplamente a teoria de redução do ambiente material a formas geométricas. Johannes Itten e Oskar Schlemmer foram tão conseqüentes que

Produtos da segunda
fase da Bauhaus:

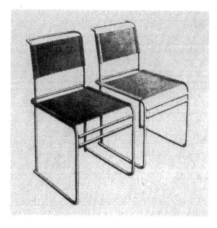

82.
Produtos da Bauhaus com maior sucesso de vendas.
Cadeira em tubo de aço.
Projeto: Marcel Breuer, 1926.
Fabricado por Standard-Möbel Lengyel & Co., Berlim.

84.
Desenho de Karl Arnold, 1920.
(Ilustração de Dolf Sternberger: *Hopla wir leben...* Fackelträger Verlag, Hannover)

83.
Primeira cadeira em tubo de aço
Poltrona em tubo de aço "Wassily".
Projeto: Marcel Breuer, 1925.

rasparam os cabelos para evidenciar plenamente as formas esféricas de suas cabeças.

Hannes Meyer, então diretor da Bauhaus, formulou em 1930 uma carta aberta por motivo de sua despedida da instituição, com o título "Minha expulsão da Bauhaus", que se publicou em Berlim na revista *Das Tagebuch*:

"O que eu encontrei quando me chamaram? Uma Bauhaus cuja capacidade estava muito superada pela sua fama e com a qual se havia praticado uma propaganda sem igual. Uma "Escola Superior da Forma" na qual se havia feito de cada xícara de chá uma forma problemático-construtivista... Teorias que impediam todo acesso a uma configuração adequada à vida: o cubo triunfava e suas faces eram amarelas, vermelhas, azuis, brancas, pretas. Este

Produtos da oficina de metal da primeira etapa da Bauhaus: (Ilustrações de Hans M. Wingler, *Das Bauhaus*, Gebr. Rasch & Co., Bramsche):

85.
Bule de chá.
Projeto Marianne Brandt, 1924.

86.
Jogo de chá com bule, açucareiro, leiteira e bandeja.
Projeto: Christian Dell, 1923-1924.

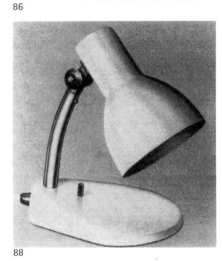

Produtos da oficina de metal da segunda etapa da Bauhaus:

87.
Luminária de teto extensível.
Projeto: Marianne Brandt e Hans Przyrembel, 1926. Fabricada por Schwintzer & Gräff, Berlim.

88.
Lâmpada para mesa de cabeceira.
Projeto Marianne Brandt, 1927. Fabricada por Körting & Mathiesen, Leipzig.

cubo era dado às crianças para brincar. O quadrado era vermelho. O círculo era azul. O triângulo era amarelo. Dormia-se e sentava-se sobre a geometria colorida dos móveis. Habitavam-se os plásticos coloridos das casas. Por todas as partes a arte estrangulava a vida" (13, p. 170). Esta acusação contra as teorias da Bauhaus pode ser exagerada, mas pode-se dizer, em comparação com os produtos da primeira fase entre 1919 e 1925, que os produtos (como o exemplo da cadeira "Red and Blue" de T.G. Rietveld) possuíam principalmente funções estéticas e pouco consideravam as necessidades do usuário. Os mestres da Bauhaus aplicaram suas concepções estéticas aos objetos de uso, em conjunto com os alunos e reduziram o mundo vital do homem a frias formas geométricas fundamentais. Tanto este mundo vital como também os produtos se distinguiram por uma pobreza exagerada de atrativos visuais. O entorno material daquela época era muito mais complexo em ofertas de percepção.

Isto mostra Karl Arnold em seu desenho de 1920 (Fig. 84), com o título de "Pobreza, a grande moda" em que um obeso cavalheiro, em um ambiente cheio de objetos carregado de arabescos e filigranas, ordena a um tipo magro e com aspecto intelectual: "Projete um interior muito simples e modesto, professor. Tão simples quanto possível, não importa o quanto custe" (14).

Os objetos reduzidos a formas geométricas, que a Bauhaus projetou durante a primeira fase, de 1919 a 1925, não tiveram uma grande difusão nem conseguiram ser aceitos pelo público, por não terem sido orientados para suas necessidades. A teoria estética da redução das formas aos elementos geométricos básicos se tornou realidade depois de 1926, pela intensa cooperação da Bauhaus com a indústria e com uma formação mais orientada ao usuário, incorporando funções práticas e estéticas. A luminária pendente e extensível de Marianne Brandt e Hans Przyrembel de 1926, a luminária de cabeceira de Marianne Brandt de 1927 ou os móveis tubulares de Marcel Breuer depois de 1926 foram fabricados industrialmente, vendidos com sucesso e são exemplos de produtos da Bauhaus de configuração prático-funcional que, depois de 1945, transformaram-se em paradigmas para um novo designer industrial.

Funcionalismo e crítica do funcionalismo 5.4

Até aqui o conceito de funcionalismo não foi utilizado plenamente. *Ismo* é um sufixo que no uso normal do idioma indica uma direção intelectual ou uma disciplina acadêmica. Aplicado ao funcionalismo, significa que os produtos associados a este conceito surgiram de uma escola intelectual na qual predominam os aspectos funcionais. Entretanto não fica claro a que aspectos funcionais se refere. Temos falado até aqui de funções práticas, estéticas e simbólicas dos produtos. No passado, o conceito de funcionalismo foi aplicado de forma unidimensional, quase de modo exclusivo para o ambiente onde se destacavam as funções práticas.

A teoria dos funcionalistas de que a aparência de um objeto de nosso entorno somente deveria ser determinada por funções práticas se desenvolveu no século XIX, nas teorias dos arquitetos Henri Labrouste e Louis Sullivan e do escultor Horatio Greenough e, no século XX, foi continuada e praticada

89.
Produtos industriais de configuração prático-funcional, sem concessões para o lado emocional. *Lava-louças automática Miele De Luxe G 550.* Fabricante: Miele-Werke, Gütersloh (Alemanha).

por arquitetos como Adolf Loos, Walter Gropius ou Le Corbusier. No exemplo da primeira industrialização da Grã-Bretanha já se viu claramente que junto da arquitetura, também na fabricação industrial de produtos, havia uma ênfase da configuração prático-funcional. A teoria dos funcionalistas oferece critérios que podem ser empregados na produção industrial:

- Eliminação dos adereços "inúteis" e "supérfluos" dos produtos (por exemplo, ornamentos ou efeitos lúdicos).
- Utilização de princípios construtivos técnico-físicos e técnico-econômicos.
- Utilização racional dos meios disponíveis com objetivos bem determinados.
- Gastos mínimos para obter rendimento máximo.
- Custos mínimos de fabricação e de administração.

- Renúncia à configuração de produtos com influências emocionais.

O emprego consciente destes critérios de configuração prático-funcional se traduz em poucos produtos com ótimas características práticas de uso, como nos ensinava a comunidade *Shaker*. Uma configuração exclusivamente prático-funcional de nossos produtos industriais supõe não exceder a 3 ou 4 variantes distintas de determinado tipo de produto para ser oferecido à escolha do usuário, já que seriam suficientes para satisfazer as necessidades físicas.

Nossa economia de mercado determina o princípio da livre competição entre as empresas e a obrigação de se distinguir umas das outras pela singularidade de seus produtos. A partir deste princípio torna-se impossível seguir a teoria dos funcionalistas em uma sociedade industrial tão competitiva como a nossa. Além disto, a utilização dos critérios do funcionalismo pelo designer industrial cria também aspectos negativos para o usuário dos produtos. Esses aspectos negativos já haviam sido assinalados, no campo da arquitetura prático-funcional, por considerações psicoanalíticas feitas por Alexander Mitscherlich (9), Heide Berndt, Alfred Lorenzer e Klaus Horn (15) que os explicitaram. Esta critica ao funcionalismo é aplicável, da mesma forma, aos produtos industriais.

Os produtos industriais com configuração prático-funcional possuem poucos aspectos sintonizados com o mundo intelectual do homem. Isto fica evidente na observação da máquina de lavar pratos ilustrada na Fig. 89, que serve de exemplo para produtos semelhantes como refrigeradores, máquinas de lavar ou divisórias piso-teto. Estes produtos são "frios" e impessoais e com eles o usuário não consegue desenvolver qualquer tipo de relação emocional. Sua aparência é pobre em informação, são rapidamente apreendidos e despertam pouco interesse. Com o tempo, acabam ficando monótonos. Assim, fica claro que estes produtos possuem pouca função estética e simbólica pelas quais possam ser satisfeitas as necessidades psíquicas. Falaremos mais adiante destes pontos de vista quando abordarmos a estética do design industrial. Antes demonstraremos a problemática ligada ao princípio da configuração simbólico-funcional.

Configuração simbólico-funcional de produtos industriais

6

Quando as funções simbólicas e estéticas são preponderantes e as funções práticas ocupam posição secundária em um produto de uso, falamos do princípio de configuração simbólico-funcional ou do princípio da estética simbólico-funcional. Este é o segundo princípio pelos quais os produtos de uso podem ser configurados e cuja aplicação é influenciada pela sociedade.

Desde a Idade Média até o princípio da era industrial reinou a chamada sociedade de classes. Os componentes do clero, da nobreza e do povo (camponeses e burgueses) procuravam distinguir-se uns dos outros, exibindo certos símbolos de *status*. São muitos os meios de expressar o *status* dentro de uma sociedade. Além de determinadas expressões de comportamento, de linguagem ou de vestir, pode-se simbolizar o *status* social mediante o uso de produtos adequados. Isto é tanto mais impressionante quanto maiores forem as qualidades simbólicas dos produtos utilizados.

Os produtos de uso fabricados à mão na época compreendida entre a Idade Média e a era industrial podem ser associados ao princípio da configuração prático-funcional ou a simbólico-funcional (Figs. 18 e 19). A configuração dos produtos e sua utilização era adaptada à posição social dos usuários. Os produtos com configuração prático-funcional careciam de significados adicionais – cobriam necessidades modestas e eram utilizados principalmente pelas classes camponesa e burguesa. Objetos deste tipo eram desprovidos de pretensões artísticas, pois não tinham nenhum valor demonstrativo. Os membros do clero e da nobreza se utilizavam de produtos que se distinguiam daqueles do povo principalmente pelo uso de adornos caros (luxos estéticos que também implicavam em custos elevados). Os produtos utilizados pelo clero e pela nobreza tinham significado simbólico que sobrepujava a função prática. A configuração simbólico-funcional destes produtos era orientada pelas artes em cada época. Eram elaborados por artesões, artistas e significavam para os usuários, antes de tudo, um meio de auto-representação. Muitos destes produtos de uso estavam tão dotados de adornos, que causava espanto ainda descobrir uma função prática neles (Fig. 19).

O uso destes produtos era uma afirmação de riqueza, poder político e nível cultural frente aos grupos de classes inferiores. Seu uso colocava em evidência e dava segurança à posição social do clero e da nobreza.

A industrialização oferecia condições ideais para a fabricação em massa de produtos de uso. É natural que os objetos de uso com predomínio de funções práticas, que anteriormente eram fabricados manualmente, se multiplicassem graças ao emprego das máquinas e se tornassem acessíveis a preço adequado a uma grande camada da população. Na configuração de muitos produtos industriais, os fabricantes da época se orientaram principalmente pela aparência de produtos aristocráticos. Fabricaram com procedimentos industriais aqueles produtos até então proibitivos pelos seus preços à população simples. Na história do design industrial estas implicações ainda precisam ser estudadas de forma mais ampla. Aqui basta ficar evidente que diversos grupos sociais se utilizaram de produtos de uso configurados de acordo com suas condições de vida.

De acordo com os objetivos deste texto é interessante estudar até que ponto o uso de produtos industriais em nosso tempo ainda simboliza posições sociais.

Circunstâncias econômico-sociais 6.1

Com o desenvolvimento industrial, que foi se instituindo progressivamente a partir de 1800 e do desenvolvimento do sistema econômico capitalista, alteraram-se as estruturas sociais. Nas sociedades de classes o clero, a nobreza e o povo, com seus subgrupos, constituíam a estrutura da sociedade. Karl Marx, na sua teoria de classes, acreditva que o desenvolvimento industrial deve gerar duas classes: a dos capitalistas, em cujas mãos se concentra o capital e poder sobre as coisas e a dos proletários, sem poder sobre o capital.

O desenvolvimento das sociedades industriais demonstra porém que estas estruturas se desdobraram de forma distinta. Por um lado, os trabalhadores melhoraram progressivamente a sua posição na sociedade mediante sua organização em sindicatos, e, por outro, os empresários compreenderam, como vimos no item 5.2, que somente mediante o pagamento de salários mais elevados e o conseqüente incremento de poder aquisitivo dos trabalhadores, se torna possível uma produção industrial maciça. No curso da expansão das empresas industriais surgiu a necessidade crescente de uma nova classe de assalariados qualificados que não participavam diretamente do

90.
Produto de *status* da classe superior na virada do século. *Piano de cauda*, em nogueira e ébano com aplicação em marchetaria. Fabricante: Rudolf Ibach Sohn, Schweim (Alemanha). Projeto: Peter Behrens, 1906

processo de produção, como os gerentes intermediários, aos quais Siegfried Kracauer (1930) dedicou sua atenção (16).

Com esse desenvolvimento e como conseqüência da vasta especialização e qualificação dos trabalhadores, amplas camadas da população alcançaram uma posição social mais elevada. Devido às diversas guerras e crises monetárias, houve ascensão de novas classes sociais, com queda dos antigos senhores. Isto resultou em uma população cada vez mais numerosa de classe média com *status* intermediário.

Estratos sociais. *Status* social — 6.1.1

O conceito de estratos sociais possibilita uma classificação diferenciada de grupos sociais que se encontram em uma situação social igual ou parecida. Este estrato social é influenciado por formação escolar, profissão, renda, riqueza, tipo de consumo, área habitada, tipo de habitação e pela classe de uso de produtos. Ralf Dahrendorf (17) analisou a questão das diferenças sociais que existem nos estratos de uma sociedade. Todo homem, como membro de uma sociedade, tem um *status* social e ocupa uma posição determinada na escala social. Diversos estudos sociológicos têm utilizado modelos distintos para a divisão da sociedade em estratos. Lloyd Warner, em 1948, estruturou a sociedade americana em classe alta, classe média e classe baixa, com diferenciações intermediárias como classe média-alta e classe média-baixa, conseguindo assim seis classes que se distinguiam entre si pelo comportamento, patrimônio etc. A classificação exata de uma pessoa determinada em uma certa categoria não é possível, porque isto implica na consideração de diversos fatores que constituem o *status*. Se considerarmos o fator de consumo, uma pessoa pode ser classificada em um estrato mais elevado, devido a seus hábitos de consumo, do que se a mesma pessoa fosse analisada sob o ponto de vista de sua escolaridade. Existem entretanto procedimentos analíticos que consideram simultaneamente todos os fatores implícitos no *status* social de uma pessoa.

As modernas sociedades industriais são estruturadas entre os *status* máximo e mínimo, com uma larga camada central da sociedade. Esta possui múltiplas subdivisões, para cima e para baixo. Essa classe média chega a ocupar 90% da população, em sociedades mais desenvolvidas.

Uma necessidade essencial do homem é o seu reconhecimento dentro de um grupo social. Essa necessidade dita sua conduta individual com parâmetros para firmar sua posição dentro do seu grupo. Ele se esforça para ser reconhecido pelos outros membros de seu grupo. Isto lhe proporciona, tendo atingido esta meta, uma sensação de aceitação e segurança social. Por outro lado, o homem está disposto a renunciar a esta segurança de *status* para galgar um *status* social mais elevado. A comparação constante da própria pessoa com outros membros do grupo leva a uma conduta competitiva.

O início da ascensão social é muitas vezes orientado pelo modelo das camadas sociais mais altas, perseguindo-se os seus níveis de vida e as suas formas de conduta. Esta orientação, na maioria dos casos, leva a uma imitação de certos padrões sociais. Isto pode ser por meio do comportamento, do modo de vestir, da forma de falar, mas também mediante o uso de produtos industriais preferidos pelos grupos de referência. Os homens que querem entrar em um estrato social mais elevado podem iniciar a ascensão com o uso de símbolos sociais reconhecidos. A indústria produz inúmeros símbolos indicativos da escala que seu possuidor ostenta na sociedade. No desenvolvimento destes produtos, o designer industrial tem a seu cargo a tarefa de encontrar os meios estéticos adequados para produzir a sensação simbólica no observador. Os potentes automóveis esportivos, por exemplo, são propriedade de pessoas de grande mobilidade e servem como símbolo de "estar no caminho ascendente" (18). Um segundo meio "no caminho ascendente", além da imitação social do grupo acima é a diferenciação social dentro do seu grupo atual. Estes dois aspectos podem aparecer simultaneamente: a diferenciação social dentro do seu próprio grupo pode ser conjugada com a imitação do grupo a que se aspira.

Status social. Prestígio — 6.1.2

K.M. Bolte define o *status* como a posição do homem em estruturas hierarquizadas com diferenciações de valoração social. O *status* determina a posição de um pessoa no estrato social mas, determina também o valor que se associa a alguém que se situa nesta posição. O *status* de uma pessoa não é apenas o resultado de seu trabalho (como o grau de escolaridade) ou de uma posição herdada na sociedade. O *status* resulta também da capacidade de competir, da disposição de afirmar-se através de símbolos socialmente aceitos. Os produtos industriais são especialmente indicados para isto, para simbolizar uma categoria, para dar testemunho do que é alguém. Pessoas que permanecem anônimas só podem tornar-se socialmente efetivas, *i.e.*, tornar-se "visíveis", se o seu sucesso profissional, sua riqueza ou poder político for evidenciado mediante o uso de símbolos adequados.

Ludwig Leopold (19) disse que prestígio é aquele sentimento inquietante de estar diante de alguém de quem não podemos nos aproximar. A necessidade de prestígio parece ser uma característica essencial da personalidade humana. Também tentamos aparentar mais do que somos — a ânsia de ocupar o nível máximo possível na visão dos demais membros da sociedade.

O prestígio pode ser fortalecido pelo uso de produtos industriais, como mostra o esquema da Fig. 91. Ele poderia formar, com outros fatores

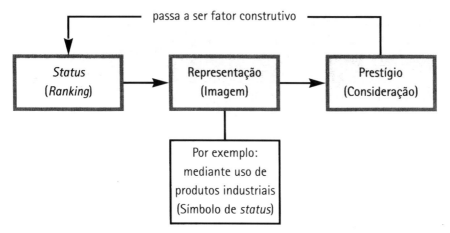

91.
A construção do prestígio social.
(B. Löbach)

indicativos de *status*, a base para um *status* social mais elevado. O valor que serve de base para o prestígio é destituído de todo fundamento ou exame racional. O prestígio vive de seu valor indemonstrável.

Há três características estruturais que marcam o prestígio de uma pessoa, também no uso de produtos que dão *status*:
- Possuir méritos extraordinários de realizações, de juízo, de sentimento para com os valores do grupo.
- Uma proximidade com os demais que desperta e mantém o interesse.
- Um distanciamento para com os demais, que preserva o mistério e o valor de suas atuações.

Na vida cotidiana, os membros dos diversos estratos sociais interagem entre si e dão mostras de seu *status* através de seu comportamento, forma de falar, indumentária, consumo e uso de símbolos, podendo provocar nos demais, sempre influenciáveis, a sensação a que chamamos de prestígio.

Produtos industriais como símbolos   6.2

Já explicamos no item 4.3 que um símbolo pode ser um sinal que demonstra outra coisa. O termo símbolo é, porém, tão múltiplo que não pode ser esclarecido por uma única definição.

Shulamith Kreitler (21) formula numerosos pontos de vista de produtos industriais como símbolos. Um símbolo é um portador de um significado, um sinal visível que, na maioria das vezes, não responde a relações perceptíveis. Neste caso o símbolo pode ser uma forma à qual um grupo determinado de pessoas dá um significado especial. Estes se denominam **símbolos artificiais** por estarem vinculados a convenções.

Pode ocorrer ainda que um símbolo tenha um significado especial para uma pessoa, que não seja compreensível para os demais. Estes são denominados de **símbolos naturais**, pois seu efeito está associado a determinados fenômenos. Os nossos produtos industriais dotados de funções práticas possuem de modo inerente, como já vimos, dimensões simbólicas, induzidas em grande parte pelas características estéticas da configuração do produto. O valor dos produtos industriais com função simbólica não fica claro, mas evidenciam a posição dos homens no ordenamento social. Em uma sociedade que se tornou anônima, estes símbolos ordenam as relações entre os homens, são os signos de conduta. O homem em um carro esportivo dá a sensação, através da aparência visual do veiculo, que os demais devem abrir caminho para ele. Os produtos como símbolos devem fornecer a informação se um desconhecido está acima, abaixo ou no mesmo nível de nós mesmos.

Produtos de *status* 6.2.1

Produtos industriais típicos de um estrato social simbolizam este estrato, se tornam símbolos desse *status* social. O produto industrial torna-se um portador de significado que expressa algo sobre os hábitos de vida dos que usam ou consomem esse produto. Pode dar uma idéia sobre a profissão, nível de renda, formação escolar etc. Os produtos de *status* são aqueles que indicam a autêntica posição social do usuário. Aqui se produz a real identificação entre a forma de vida das pessoas e a aparência dos produtos (Fig. 63).

Os produtos possuem características que servem à satisfação de certas necessidades, complementadas por fatores que dão forma ao *status*. Os produtos utilizados principalmente por membros do estrato superior se distinguem muitas vezes dos produtos dos estratos médio e inferior por

92.
Produto de *status* da classe superior. Caracteriza-se pela raridade, aparência estética específica, com dificuldade de compra e manutenção, sendo observado com curiosidade pelo público.
Bentley Mark IV – 1949.
Proprietário: "Na rua, eu me sinto como o embaixador britânico".

funções acessórias com as quais se podem satisfazer necessidades acessórias. Como exemplo, cabe citar a satisfação de necessidades por vivências estéticas ou o impulso por algo extraordinário que os demais não possuam. Na antiga sociedade de classes se distinguiam os produtos do estrato superior por um elevado luxo estético, que, naquela época, se traduzia em ornamentos. Hoje se consegue a impressão do incomum com o emprego de materiais valiosos ou com o uso de novos elementos estéticos.

Outras características dos produtos que representam o *status* da classe superior são o valor da novidade, a raridade do produto, a dificuldade em consegui-lo e, na maioria das vezes, o seu alto preço. Os produtos que simbolizam o *status* dos estratos médio e baixo são com freqüência modestos em suas funções. Especialmente o luxo estético é menor e predomina a função prática. Além disto, todo produto de massa e de alcance popular precisa ter um preço razoável. Os acessórios assumem um custo elevado, restringindo o seu consumo a pessoas do estrato superior.

93.
Produto de prestígio.
Possibilita a satisfação
de necessidades
formais a um círculo
restrito de pessoas.
*Hi-Fi-Stereo Compacto
Audio 308.*
Fabricante: Braun AG,
Kronberg, Alemanha.
"...o valor de prestígio
de um produto é tanto
maior quanto mais
insólita for sua
aparência estética e
maior o seu preço."

Um produto industrial só se torna símbolo de *status* social quando for perceptível como tal pelos membros da sociedade.

Produtos industriais especialmente adequados para simbolizar um *status* são aqueles que seu proprietário possa exibir publicamente. O automóvel é um dos produtos mais indicados para demonstrar o posicionamento social do usuário. Os produtos que se usam no âmbito privado têm uma pequena exposição pública e apenas possibilitam a demonstração do *status* no círculo de amizades. Um produto de *status* também pode ser eficaz sem a presença do proprietário como p. ex. a piscina nos fundos da casa.

As normas sociais prescrevem muitas vezes a possessão de determinados produtos (como símbolos de *status*) aos membros de um grupo: p. ex. o sócio de um seleto clube de equitação necessita trajar roupas adequadas e possuir cavalo próprio. Quem não obedecer a estas regras pode ser passível de sanções, inclusive ser excluído do grupo.

Os membros de um estrato social manifestam com freqüência uma solidariedade especial só pelo uso dos mesmos produtos, p. ex., quando duas pessoas se saúdam só pelo fato de conduzirem o mesmo tipo de automóvel. A posse do mesmo tipo de produto simboliza o mesmo *status* social e conduz à confraternização.

Podem ser considerados símbolos de *status* os produtos industriais que

94.
Símbolo de *status* social elevado.
Mercedes-Benz 450 SE/ 225 c.v.
Fabricante: Daimler-Benz AG, Stuttgart, 1975

respondam às autênticas necessidades de certos grupos de usuários e a suas aparências e formas de vida, sendo adequados ao tipo de satisfação de suas necessidades. O *status* social autêntico pode ser representado pelo produto industrial (também produto de representação) que gera um prestígio e uma consideração entre os demais, configurando o *status* (Fig. 91).

Produtos de prestígio 6.2.2

Produtos de *status* e produtos de prestígio parecem ser dois conceitos distintos para um mesmo fenômeno. Quando o uso de um produto revela o verdadeiro *status* do usuário, esse produto simboliza para o observador, ao mesmo tempo, aparência e prestígio. Neste caso, para o usuário e para o observador, o mesmo produto é simultaneamente um produto de *status* e um produto de prestígio.

Existe então a possibilidade, p.ex., de os membros de um estrato inferior aparentarem um estrato social superior usando produtos pertencentes

95.
Simbolização de *status* social modesto.
Citroën 2 CV/23 PS
Fabricante: Citroën, França.

96.
Produto de prestígio para ascensão social.
"Fabricação própria", adaptando-se a frente do Mercedes-Benz ao Citroën 2 CV.

95

96

ao *status* superior. Temos então um produto que indica o *status* de um certo estrato, que passa a ser usado pelos membros do estrato inferior para elevar seu prestígio. O produto de *status* do estrato superior passa a ser o **produto de prestígio** do estrato inferior. Um produto de prestígio é então um produto com o qual se pode simbolizar um *status* desejado.

Se um produto tem o poder de representar um *status* existente, pode-se utilizar o conceito de produto de *status*. Quando um produto industrial tem, por outro lado, pretensão de expressar aparência que não é idêntica à do seu *status* – p. ex., aparentar um *status* superior – então é mais sensato utilizar o conceito de um produto de prestígio.

A simulação de uma forma de vida mediante o uso de produtos de prestígio corresponde à relação indicada na Fig. 64. Existe também o caso inverso: os membros de um estrato elevado simulam a aparência de um estrato inferior, utilizando os produtos de *status* deste. Na linguagem popular este comportamento é chamado de **camuflagem social**. Porém, o mais comum é os produtos de prestígio desempenharem um importante papel na ascensão social, já que sua posse pode se constituir no primeiro passo em direção a um *status* superior.

Na verdade, o simples uso de símbolos de *status* de um estrato mais elevado não significa uma mudança para este estrato. O chefe de uma agência de publicidade de Chicago disse em certa ocasião: "Compraram um carro grande e se permitiram todos os luxos, mas continuam a ser o que sempre foram" (18). Qualquer um pode tentar ascender a uma categoria social mais alta adquirindo um produto com símbolo de *status* reconhecido. Dificilmente esta ascensão é possível somente com o uso do produto. A ele devem se somar outras formas de conduta indicadoras de prestígio, que não podemos tratar aqui em detalhe.

O valor dos produtos de *status* como produtos de prestígio decairá à medida que o circulo de compradores se amplie, escapando do primitivo grupo de compradores. Com essa vulgarização, o efeito do produto pode inclusive se tornar negativo. A reação do grupo do estrato superior, quando se vê privado de seu produto de *status*, pode evoluir de tal forma que passe a preferir novos produtos, ainda não popularizados ou raros.

Dimensões econômicas 6.3

No começo da industrialização, as empresas podiam produzir de acordo com suas capacidades econômicas, quer dizer, praticavam uma política empresarial orientada para a produção. O mercado estava aberto a muitos produtos, a rede de concorrentes não era tão densa e a venda dos produtos era segura.

Hoje existe um sem-número de concorrentes no mercado. Os produtos de uso essencial abundam de tal maneira, que em certas áreas podemos falar de uma saturação de mercado. Isto significa que a colocação de mais produtos somente será garantida quando se pratica uma política empresarial fortemente orientada para o mercado. O ponto de partida desta atitude é a correta análise do mercado, dos concorrentes, das necessidades do eventual comprador, e da análise dos seus desejos e aspirações inconscientes.

Nas últimas décadas, cada vez mais fabricantes procuram dotar seus produtos com valores adicionais. Ou seja, os produtos orientados para a função passaram a ser orientados adicionalmente para o prestígio. Em outras palavras: aos produtos prático-funcionais são adicionadas funções simbólicas procurando-se aumentar o valor do produto. As empresas modernas criam produtos industriais, de acordo com as necessidades reconhecidas e direcionados a um maior prestígio e a um maior *status* social. A satisfação dos usuários é assegurada mediante uma sistemática investigação sobre suas necessidades e desejos, também fomentada pela publicidade.

Dotar os produtos de valores adicionais sempre proporciona ao usuário a oportunidade de tornar realidade novos desejos. Os produtos antigos, incompatíveis com o padrão de vida mais elevado, não são mais utilizados. As empresas oferecem para tanto os símbolos correspondentes para a ascensão dentro dos estratos sociais, aos quais têm acesso todos os que possuam o poder de compra adequado. Com isto, os membros de um estrato social inferior têm também a possibilidade de se sentirem inclusos em um estrato superior mediante o uso de produtos de prestígio.

O conhecimento dos aspectos sócio-psicológicos aqui abordados e a produção de produtos com elevado valor de prestígio se converte, para muitas empresas, em fator que assegura as vendas em uma época de superprodução e saturação de mercado.

97.
Símbolo sexual.
Jarro Pollo em forma de busto.
Fabricante: Rosenthal AG, Selb., Alemanha.
Designer: Tapio Wirkkala, 1971.

O designer industrial como criador de símbolos 6.4

Os produtos industriais têm a propriedade de satisfazer, em primeiro lugar, as necessidades físicas durante o processo de uso mediante suas funções práticas. Se os produtos industriais tiverem de adotar funções adicionais que satisfaçam necessidades psíquicas — vivências estéticas, reconhecimento social, *status* social superior — devem ter qualidades simbólicas. Esta é, dentre outras, a tarefa do designer industrial, que pode aperfeiçoar o produto mediante o emprego da configuração simbólico-funcional e a estética simbólico-funcional, transformando-o em símbolo.

98.
Símbolo da velocidade.
Alfa Romeo 33 Carabo.
Designer: Bertone.

O designer industrial precisa receber indicações precisas sobre o efeito e a importância do símbolo pretendido. A dificuldade está então em encontrar um conjunto adequado de meios estéticos para produzir o efeito simbólico pretendido. A configuração visual de sua aparência é a primeira hipótese para isto.

O barulho provocado por um produto também tem função simbólica, como nos mostra o seguinte exemplo: o diretor-presidente da Chevrolet disse, nos anos 50, por ocasião da apresentação de um novo modelo de automóvel: "Este ano apresentamos o mais belo ruído de portas jamais apresentado, o som de um carro grande" (18).

A tarefa principal do designer industrial na criação de produtos industriais com alto grau de função simbólica continua recaindo sobre a aparência formal dos produtos, principalmente com o uso dos meios estéticos. Comentaremos este aspecto mais adiante dentro do tema "A estética do design industrial".

Até aqui mencionamos exclusivamente as possibilidades de simbolizar o *status* social e o prestígio desejados por meio dos produtos industriais. Os produtos industriais podem possuir, porém, outros efeitos simbólicos. Diz-se que o vaso "Pollo" da Rosenthal, tradicional fabricante alemão de porcelana fina, (Fig. 97) foi inspirado, ao seu autor, o designer Tapio Wirkkala, por uma moça de busto exuberante que passava. Pelo uso de meios estéticos surgiu um produto cuja configuração transforma-o em um símbolo sexual. Uma lancha, mediante configuração adequada, pode se transformar em um símbolo de força masculina, um automóvel pode indicar a "esportividade" do condutor etc.

São múltiplas as possibilidades dos efeitos simbólicos nos produtos industriais, porém excedem o âmbito deste trabalho.

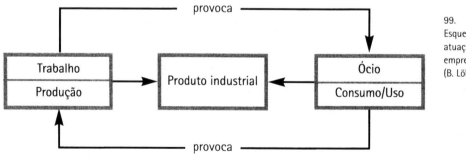

99.
Esquema básico de atuação de uma empresa industrial.
(B. Löbach)

Design industrial na empresa industrial 7

As relações apresentadas na Fig. 99 constituem as bases de nossa economia e de nossa produção industrial. A configuração de produtos industriais tem importância e funções distintas nesta relação para diferentes grupos de interesse. Isto torna possível elaborar diferentes definições de design industrial. Do ponto de vista do usuário de produtos industriais, pode-se definir o design industrial como sendo o: *processo de adaptação dos produtos de uso, fabricados industrialmente, às necessidades físicas e psíquicas dos usuários ou grupos de usuários.* Isso requer uma pesquisa sobre a importância dos produtos industriais para os usuários e sobre a satisfação de suas necessidades através do uso de produtos. Assim se tem uma visão de conjunto sobre a importância que tem a configuração dos produtos industriais.

A conformação de produtos industriais é tratada de outra maneira dentro da empresa industrial. Os objetivos de uma empresa são múltiplos e enquadrados em diversas prioridades. Por isto, o design industrial é considerado apenas uma parte do extenso programa de uma empresa. Posto que a empresa não pode sobreviver por muito tempo no sistema econômico sem a obtenção de lucros, é objetivo principal de todas as administrações o incremento do lucro, e, por conseguinte, o desenvolvimento da própria empresa. Ao objetivo principal do aumento do lucro se subordinam todos os demais, inclusive a configuração de produtos fabricados na empresa.

A importância do design industrial na empresa será estudada a seguir com maior precisão. Na Fig. 100 fica claro que o designer industrial na empresa industrial precisa representar dois grupos de interesses. Já falamos dos interesses do usuário dos produtos e como o designer industrial deve considerá-los durante o processo de projeto. Mas, normalmente, pelo fato de ser contratado pela empresa, o designer industrial também precisa adaptar seu projeto aos interesses e objetivos dela.

Para que o trabalho do designer industrial na empresa industrial seja entendido com maior exatidão, é necessário antes observar os aspectos econômicos que incidem sobre a atividade do projetista de produtos industriais. Ao mesmo tempo, ele deve representar os interesses do consumidor junto à empresa.

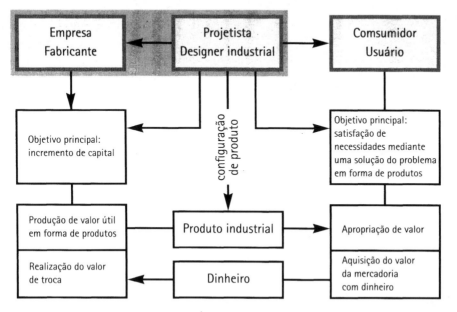

100.
Rede de interesses que unem a empresa industrial e o consumidor. O designer industrial tem compromisso com as duas partes.
(B. Löbach)

Situação de mercado e política industrial 7.1

No sistema de economia de mercado, as empresas se deparam continuamente com competidoras. A conseqüência é a intensa orientação da empresa para o mercado, quer dizer, a premência de atrair o interesse dos possíveis compradores dos produtos. Quanto mais específicas forem as necessidades, menor será o círculo de possíveis compradores e mais aguda a situação competitiva. Este aspecto ficou claro ao se observar produtos de uso individual.

No sistema competitivo, a configuração dos produtos nas empresas industriais não se orienta exclusivamente pelas necessidades dos futuros usuários, mas também pelas ofertas dos concorrentes. Esta orientação em função da concorrência pode provocar três formas distintas de conduta da empresa, no que diz respeito à configuração de produtos:
- Desprezo pelos concorrentes (diferenciação de produtos)
- Imitação dos produtos dos concorrentes (cópia de produtos)
- Cooperação com os concorrentes

p.108

A configuração do produto adquire especial importância no caso da diferenciação da oferta dos competidores. Disto falaremos mais tarde.

Toda a produção industrial e, com ela, a política das empresas, depende do conhecimento prévio dos mercados nos quais se quer vender os produtos. Existem três tipos distintos de situações de mercado que afetam em grande medida a política das empresas:

- Mercados insaturados
- Mercados saturados
- Mercados criados

Estas situações não se apresentam independentemente umas das outras, mas se formam de acordo com os tipos de produtos e o estágio da produção industrial. Elas são extremamente dinâmicas e exigem um monitoramento contínuo das empresas. A empresa também precisa decidir se tem interesse em lançar produtos já conhecidos. Já mencionamos anteriormente que, no início da industrialização, as empresas encontraram mercados insaturados. Nesta situação não se dava atenção especial ao fator configuração do produto. A fabricação de produtos industriais era orientada somente para a produção. A atenção das empresas estava voltada para a construção do sistema industrial e preocupava-se em transformar as matérias-primas empregadas em produtos a custos mais favoráveis e com máximos lucros. O mercado era sempre receptivo e a produção não precisava preocupar-se com a demanda dos interessados.

Hoje encontramos, em muitas áreas, mercados saturados. Isto significa que, devido à concorrência das empresas entre si e o constante incremento da capacidade de produção, há muitas vezes uma superoferta. Como resultado, as empresas se vêem forçadas a atrair o interesse dos possíveis compradores, com a finalidade de manter sua posição no mercado e, se possível, ampliá-la. São também obrigadas a fazer propaganda de seus produtos e despertar as necessidades e desejos dos consumidores. Isto acontece cada vez mais com a aplicação dos meios estéticos na publicidade e na configuração de produtos. Existem duas máximas da economia de mercado:

- O mercado está sempre aberto e é ilimitado
- A criatividade não tem limites e leva à geração de novas demandas — *i.e.*, as necessidades se criam, se faz o mercado (Fig. 64).

Produção em massa de
produtos industriais.

101.
O popular Fusca da VW.
Fabricante:
Volkswagenwerk,
Wolfsburg, Alemanha.

Um exemplo disto é o desenvolvimento de um preparador doméstico de iogurte, com o qual o usuário pode transformar leite normal, com a adição de cepas puras, em iogurte. A satisfação das necessidades da população, antes dependente das grandes indústrias de laticínios, agora se torna privativa, por meio da oferta de um eletrodoméstico com o qual cada um pode satisfazer as suas necessidades individuais de iogurte. Aqui temos a transferência do benefício. O iogurte antes oferecido pelas indústrias leiteiras é produzido agora pelo consumidor em seu domicílio e para isto necessita do aparato produzido pela indústria de eletrodomésticos.

O problema das empresas, na abertura de novos mercados, consiste na busca de soluções que aumentem a disposição de compra. Para isto se emprega o Design Industrial para tornar atrativo o produto ao futuro usuário, em todas as suas dimensões. Nesta situação, o marketing adquire importância como meio de fomentar a demanda e assegurar as vendas. Por isto não é raro que, nas empresas orientadas para o mercado, o design industrial seja agregado ao departamento de marketing. A política de produtos de uma empresa e as atividades relativas à configuração de produtos

102.
Lava-roupas automáticas Miele
Produção diária: 1760 unidades.
Fabricante: Miele-Werke, Gütersloh, Alemanha.

dependem, assim, em grande medida, da situação de mercado do seu ramo.

Como já foi mencionado, uma empresa pode, na configuração dos seus produtos, imitar seus concorrentes. Isto porém raramente conduz ao êxito no mercado, já que os competidores quase sempre asseguram uma posição confortável neste mercado. Aqui também é limitada a importância do design industrial na cópia de produtos da concorrência.

Também é pouca a importância do design industrial no terceiro modelo da política de produtos – cooperação com os concorrentes ou obtenção de uma posição monopolística no mercado por meio da compra dos concorrentes – pois os consumidores estão sujeitos aos monopolizadores. A empresa monopolista poderia até renunciar à atividade de configuração dos produtos já que seus produtos, com grande probabilidade, se venderiam de qualquer modo.

Em contrapartida, na política de diferenciação dos concorrentes, o design industrial adquire máxima relevância para a empresa. Por um lado, atrai a atenção dos possíveis compradores mediante o emprego dos meios estéticos e, por outro lado, provê os produtos de características adicionais

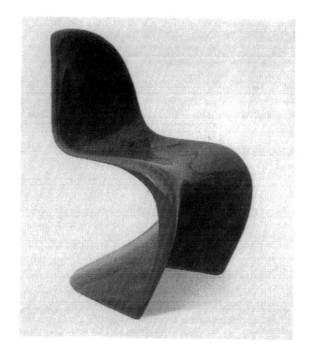

103.
Cadeira "Panton Chair" em termoplástico injetado.
Design: Verner Panton, 1970.
Fabricante: Sulo Werke, Herford, Alemanha.

desejadas pelo usuário e que não são oferecidas pela concorrência. Pela oferta dos produtos com valores adicionais se dá aos usuários uma melhor satisfação de suas necessidades, que pode conduzir ao incremento da demanda e assegurar as vendas para a empresa.

Design industrial. Meio de desenvolvimento e de diferenciação de produtos 7.2

A incorporação do design industrial é uma parte do programa estratégico de empresa. Pode ser realizada dentro de uma política de depuração, ou seja, a redução da multiplicidade de tipos, ou tendendo para uma expansão da mesma. O designer industrial tem a tarefa de fazer o desenvolvimento contínuo dos produtos, em especial nas empresas que sempre expandem e aprimoram a sua linha de produtos. Isto significa uma ampliação do programa de produção, que pode se efetuar segundo dois princípios distintos que se denominam, no linguajar econômico-industrial, de *diversificação* e *diferenciação*.

104.
Quando as fábricas iniciam a produção de produtos em massa com o objetivo de aumentar os lucros, deve-se assegurar um consumo maciço. Por isso, hoje em dia, as empresas devem criar seus mercados.

Diversificação é aquela atividade da empresa pela qual ela amplia o programa de produção adicionando mais tipos de produtos. O principal motivo para isto é se garantir contra possíveis mudanças negativas no mercado. São incluídos no programa, na maioria das vezes, produtos que estão ligados tecnicamente à produção e ao resultado das vendas do programa atual, de modo a utilizar os mesmos recursos de produção e distribuição existentes e que tenham a mesma ligação com o mercado.

Diversificação significa desenvolver novos produtos ligados ao programa de produção atual da empresa. Portanto, é uma expansão no sentido horizontal, com acréscimo de novos produtos. Tendo em vista a oferta da concorrência, esta diversificação pode assumir simultaneamente o caráter de uma diferenciação da oferta no mercado.

Diferenciação é aquele programa de produção que busca versões diferentes de produtos já existentes. Isto significa para a empresa oferta simultânea de modelos diferentes de um produto, para atender às diversas necessidades de classes sociais distintas. Isto possibilita, aos interessados, muitas alternativas de compra e possibilidade de possuir produtos do mesmo

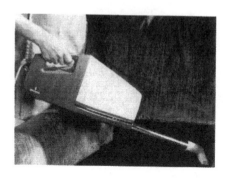

105.
Domínio do mercado mediante uma grande diferenciação em relação aos concorrentes por meio do design industrial.
Aspirador de pó Siemens Rapid (produto revolucionário na época de lançamento). Fabricante: Siemens Elektrogeräte GmbH, Munique, Alemanha.

fabricante em todas as fases da ascensão social.

A diferenciação do programa de produção significa para o designer industrial o desenvolvimento continuado de produtos. Em muitas empresas essa tarefa ocupa a principal atenção do designer industrial.

Com abundância de ofertas dos produtos de uso no mercado, a configuração de produtos se revela como meio efetivo e muito utilizado na diferenciação de produtos. O designer deve se orientar pelas necessiades do usuário e também pela oferta dos concorrentes da empresa. Assim, a configuração de produtos, além de atender às necessidades do usuário, tem a meta econômico-comercial de aumentar as vendas.

O desenvolvimento continuado de produtos e diferenciação por meio do design industrial pode ser tanto uma medida defensiva de uma empresa, tentando recuperar uma fatia do mercado em declínio, como uma medida agressiva, para ocupar uma posição de vanguarda no mercado. A diferenciação de produtos não deve ter apenas a função de lançar novos produtos no mercado. O desenvolvimento de produtos de uso deve ser uma tarefa contínua de design visando o aumento do valor de uso. A indústria de eletrodomésticos nos dá um exemplo disto. Até 1960, na Alemanha, todos os aspiradores de pó conhecidos possuíam uma carcaça de chapa metálica. Em 1961 uma grande indústria de eletrodomésticos apresentou pela primeira vez um aspirador de pó com a carcaça em plástico e que tinha uma aparência fora do comum (Fig. 105). Com este desenvolvimento, a empresa conquistou fatias de mercado tão altas, que todos os seus concorrentes foram obrigados a oferecer também um aspirador com corpo de plástico com configuração semelhante.

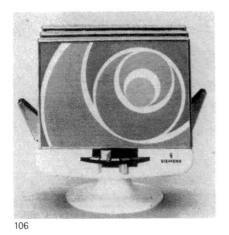 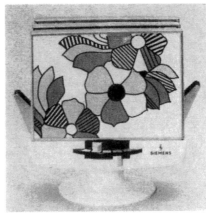

106 + 107.
Diferenciação de produtos sem emprego de técnicas de fabricação nem outros meios de custo elevado. *Tostador de pão com placas decoradas.* Fabricante: Siemens Elektrogeräte GmbH, Munique, Alemanha.

Existem muitos motivos para o desenvolvimento continuado de produtos – também conhecido como *redesign* – dos quais apresentaremos alguns exemplos:

- Declínio da fatia de mercado
- Introdução de novas tecnologias, materiais e processos
- Novas formas de funcionamento (antes mecânico agora eletrônico)
- Miniaturização de componentes
- Descoberta de modos de facilitar o uso
- Mudança das preferências formais (moda)
- Mudança das necessidades do usuário

A atividade da maioria dos designers industriais consiste em adaptar produtos obsoletos a condições atuais, já que em uma sociedade industrial tão desenvolvida é quase impossível lançar um produto totalmente novo. No entanto, o desenvolvimento continuado de produtos industriais tem limites que dependem do estágio de maturação tecnológica do produto. Especialmente no campo dos eletrodomésticos se alcançou um limite no qual não se percebem verdadeiras inovações. Quando o desenvolvimento de produtos progride tanto que os produtos de cada empresa quase não se distinguem uns dos outros por sua construção técnica e pelos materiais empregados, quando os produtos são tecnicamente maduros, fica difícil para o projeto e o design aumentar o valor útil dos produtos. Esta situação é propícia para empresas pesquisarem intensivamente os hábitos de uso dos seus futuros usuários, com a finalidade de obter argumentos para

p.115

Braun combi   Braun standard 63   Braun sixtant

Braun sixtant S   Braun sixtant 6006   Braun sixtant 8008

Braun rallye   Braun intercontinental   Braun cassett

108.
Diferenciação vertical de produtos. Característica de mercados nos quais, devido à concentração, poucas empresas atuam. Uma oferta diferenciada proporciona às empresas uma ampla presença no mercado e, aos interessados, muitas alternativas de compra.
Barbeadores elétricos Braun fabricados em diferentes anos.
Fabricante: Braun AG, Kronberg/Taunus, Alemanha.

Braun intercontinental   Krups 80 luxus   Moser famos 2000

Neckermann exclusiv   Philips special   Remington SF2

109.
Diferenciação horizontal de produtos — diferenciação da oferta dos concorrentes mediante o emprego de meios estéticos em produtos tecnicamente maduros. *Barbeadores elétricos Braun, Krups, Moser, Neckermann, Philips e Remington.*

o desenvolvimento continuado de produtos, com vistas à simplificação de uso e ao atendimento dos desejos de cada um. A possível margem para este desenvolvimento continuado de produtos industriais com o design industrial depende do grau de evolução e da intensidade com que se desenvolveram as relações entre usuário e produto.

O design industrial é hoje pouco importante no setor de produtos onde o usuário não encontra satisfação de suas necessidades pessoais e onde os aspectos prático-funcionais são dominantes. Por isto é mais freqüente a diferenciação de produtos mediante o uso do design industrial nas áreas de produtos que devem satisfazer às necessidades individuais. Estes são, como foi dito em 3.2, produtos de pouca complexidade estrutural e com baixo grau técnico de fabricação. Na maioria das vezes isso resulta em melhoria da aparência estética mesmo que não se obtenham outras vantagens funcionais em relação a modelos anteriores. A constante modificação de produtos pode significar grandes investimentos da empresa na troca de matrizes e adaptação das linhas de produção. Os custos originados pela diferenciação podem exigir maiores investimentos, comprometendo o lucro. Este problema pode ser contornado fazendo com que os produtos se diferenciem somente em uma fase final do processo da produção. Uma forma barata de diferenciação é a injeção de partes plásticas em cores diferentes. Assim, o fabricante, sem um grande custo adicional, pode oferecer produtos distintos para atender às expectativas dos compradores. Outro exemplo de diferenciação de produtos sem altos custos adicionais é o tostador de pão apresentado nas Figs. 106/107, que é oferecido em três versões distintas de decorações laterais. Com pouco dispêndio oferece-se aos interessados "três aparelhos" distintos.

Em resumo, hoje ficou difícil para as empresas melhorar um produto de uso diante das normas do mercado. Pelo emprego do design industrial, pode-se introduzir diferenciações no produto conduzindo-o a uma privilegiada posição no mercado e assegurando suas vendas.

Estetização e obsolescência de produtos   7.3

Na maioria das vezes pode ser estabelecido, por meio de critérios objetivos, se houve uma melhora prático-funcional com o desenvolvimento continuado de um produto. Tais melhoras podem ser percebidas fisicamente e são aceitas como progresso. Este é o caso, por exemplo, de um barbeador elétrico cujo cabeçote cortante era uma peça separada, que devia ser retirada para a limpeza e que agora se tornou uma peça dobrável, formando um todo unido ao aparelho (Fig. 37). Os desenvolvimentos prático-funcionais são percebidos objetivamente e são rapidamente aceitos como melhoras.

Com o desenvolvimento estético-funcional de produtos é diferente. Como uma aparência estética sempre é julgada subjetivamente, no desenvolvimento de um produto, quando se trata de uma melhora estética deste produto, ela nunca será valorizada positivamente por todos os seus usuários. Por este motivo, no passado, a estetização de produtos que não era acompanhada de uma melhora nas funções práticas era recebida com ceticismo e rechaçada pelos críticos de design.

Como já dissemos, muitas empresas industriais procuram, por meio da diferenciação de produtos, assegurar suas vendas e seu lucro. Ao designer industrial é confiada a tarefa de dar uma forma inusitada aos produtos. Com a ajuda de meios estéticos, o produto deve se diferenciar da forma mais evidente dos produtos concorrentes, estimulando o desejo de possuí-lo. Isto fica evidente ao se comparar os produtos das Figs. 108 e 109. A vantagem desta técnica de estetização do produto, como política de promoção de vendas é, para o usuário, a enorme possibilidade de escolha entre modelos diferentes para a satisfação pessoal de necessidades estéticas. Esta liberdade de escolha traz também algumas desvantagens. Assim, um novo produto, dependendo de seu grau de novidade, pode fazer parecer velhos todos os outros produtos do seu tipo. O possuidor de um modelo mais antigo, ao olhar para o modelo atual, percebe que seu produto está ficando velho. Logo, o contraste entre o velho e o novo faz parecer o produto antigo como uma coisa desgastada apesar de ele preencher de forma plena sua função prática. Em um nível emocional passa a existir uma prematura desvalorização do produto, que se denomina obsolescência psicológica.

Observamos que a estetização do produto com a finalidade de aumentar as vendas pode fazer aparecer mecanismos sociais de caráter coercitivo, reforçados em parte por meio de *slogans* publicitários como "Você pode se permitir sapatos novos – sapatos velhos nunca", ou "Casacos velhos fazem você parecer pobre". Com esta desvalorização psíquica de produtos, o dono deles tem a sensação de que a sua imagem é debilitada pelo fato de usar certo tipo de produtos, quando há algo mais moderno no mercado. Pelo fato de as empresas não estarem interessadas no incremento de vendas apenas a curto prazo, e sim em um incremento durável e estável, a alteração de produtos utilizando meios estéticos é introduzida gradativamente, evitando-se mudanças bruscas. Além da renovação estética dos produtos, as empresas procuram dotá-los adicionalmente com novidades técnicas. Enquanto as nações industrializadas buscam a produção múltipla de produtos diferenciados para as necessidades mais individualizadas, os países em desenvolvimento deveriam privilegiar o valor de uso, como indica Gui Bonsiepe (22).

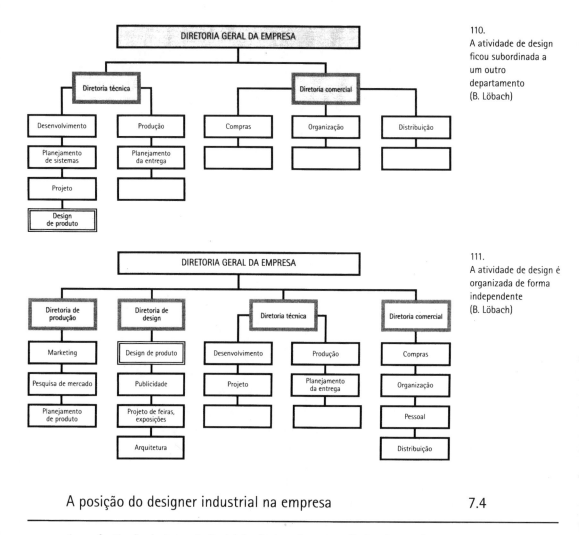

110.
A atividade de design ficou subordinada a um outro departamento (B. Löbach)

111.
A atividade de design é organizada de forma independente (B. Löbach)

A posição do designer industrial na empresa 7.4

A profissão do designer industrial não tem longa tradição. Antes do desenvolvimento industrial eram os próprios trabalhadores artesãos que configuravam os produtos de uso diário. No início do desenvolvimento industrial e até as primeiras décadas do século XX, a atenção era dirigida a outros problemas que não à configuração de produtos.

Os primeiros projetistas que configuraram produtos para uma produção em série foram na maioria das vezes arquitetos, que como "colaboradores artísticos" assessoravam as empresas nas questões relativas à configuração de produtos. Henry van de Velde, Peter Behrens, Bruno Paul e o Professor Kreis pertenceram a esta geração. Estes primeiros designers industriais tomaram a si a tarefa de limpar os excessos decorativos dos produtos. Sua verdadeira tarefa como designer começou porém quando, além de se ocuparem dos objetos sob o ponto de vista estético, se dedicaram ao conjunto de sua estrutura no sentido de melhorar sua funcionalidade. No início era estranho para as empresas industriais contratar "colaboradores artísticos". Quando isso acontecia, o objetivo era oferecer algo inusitado ao mercado. Por exemplo, a firma Pianos Ibach contratou Peter Behrens para desenvolver um piano para concerto durante a Feira de Artes e Ofícios de Dresden em 1906 (Fig. 90), que em seguida fosse fabricado em pequena escala.

Também os empresários, que se juntaram em 1907 a artistas, arquitetos e políticos no Deutschen Werkbund reconheciam a possibilidade de configurar produtos industriais mais atraentes para o mercado, mediante uma configuração consciente. Certamente, no início, a utilização de configuradores de produto se constituía em exceções. Examinando-se o catálogo de 1913 da Alexanderwerk de Remscheid (Figs. 73-76) pode-se constatar claramente que não existiam produtos normais intencionalmente projetados para uma ampla camada de compradores. Isto só era aplicável a produtos criados para um pequeno círculo de conhecedores e produzidos em pequenas séries.

O design industrial, como profissão, teve grande impulso no início da crise econômica mundial, que culminou com a depressão de 1929, quando Raimond Loewy e outros configuradores começaram a melhorar de forma ampla os produtos existentes nos Estados Unidos (23). Os fabricantes de produtos de uso reconheceram rapidamente o efeito de uma configuração consciente como poderoso fator para incrementar as vendas. Assim converteram-se os pequenos escritórios de consultoria em grandes estúdios de design industrial, que eram contratados por empresas de renome.

Contudo, a aceitação do design industrial dentro das empresas só aconteceu depois de 1945.

As empresas industriais que fabricam produtos nos quais é importante o design, *i.e.*, produtos com os quais o usuário tem estreita relação durante o uso, organizaram um setor de design próprio.

O trabalho do designer industrial depende essencialmente de como o setor de design se situa na organização da empresa. São conhecidas basicamente duas formas de efetuar esta incorporação na empresa, como é ilustrado nas Figs. 110 e 111:

- Incorporação do setor de design em outro departamento (p. ex., departamento de projetos)
- Como seção independente em uma organização.

A posição do setor de design no âmbito de uma empresa depende em grande parte da importância que a mesma atribui ao design industrial. Essa importância é influenciada, por um lado, pelo tipo de produtos e seu âmbito de utilização, e por outro lado, pela situação de mercado que determina a estratégia de produtos da empresa. Quando não se dá importância especial ao design industrial como fator de sucesso dos produtos no mercado, o setor é incorporado ou subordinado ao departamento de projetos. Isto ocorre particularmente em casos em que os aspectos prático-funcionais estão no primeiro plano de interesse, por exemplo, em empresas que fabricam peças e componentes, máquinas-ferramenta ou em pequenas empresas com relativamente poucos problemas de configuração. O trabalho do designer industrial, que atua em um departamento de projetos e desenvolve produtos em conjunto com projetistas, é orientado para os aspectos práticos do produto e para o desenvolvimento continuado do mesmo sem uma orientação muito forte para a oferta no mercado. Isso acontece com a indústria de componenetes, cujos produtos não são vendidos diretamente no mercado.

As empresas industriais, cujos produtos são expostos a uma intensa competição no mercado, cuidam especialmente do desenvolvimento dos produtos que devem ser competitivos nesse mercado. Isto significa, como já dissemos, que a política de produtos destas empresas recebe uma intensa orientação para o usuário dos produtos. Estas empresas, na maioria das vezes, possuem uma Diretoria de Produtos, que se ocupa intensivamente do marketing, usando métodos científicos, a fim de assegurar a venda dos seus produtos. Nesse tipo de empresa há valorização das atividades do design. Quando o design industrial está subordinado diretamente à Diretoria da empresa ou incorporado à Diretoria de Produtos, o designer industrial trabalha sob a influência direta da estratégia de vendas, por ser considerado impulsor das mesmas. O designer industrial estará às voltas com todos os fatores que contribuem para a venda bem-sucedida dos produtos, como a pesquisa de produtos, de mercado e de consumidores.

Neste contexto, poderia ser interessante observar o trabalho do designer industrial em empresas com diferentes programas de produção. É tão vasto hoje em dia o número de tipos de produtos nos quais é possível a atuação do designer industrial, que não é fácil estabelecer um elenco geral de aptidões que ele deve ter para realizar seu trabalho.

De acordo com a classificação de produtos industriais apresentada no capítulo 3, demonstraremos com o auxílio de quatro exemplos de produção de bens de uso, como ocorre o trabalho do designer industrial na prática e que conhecimentos e habilidades são exigidos para tal.

O design industrial na Rosenthal 7.5

A Rosenthal AG de Selb, Alemanha, tradicional fabricante de porcelana e cristais para uso doméstico (copos, porcelanas, vasos) ampliou sua produção para utensílios de mesa (cutelaria) e produtos para o equipamento residencial (móveis). Apesar desta diversificação, seu programa de produção continua ainda com peso maior em porcelana e cristal.

Estes produtos podem ser classificados no item 3.2, como produtos para uso individual, aqueles com que o usuário entra em contato intenso durante o processo de uso. Eles são determinados fortemente pelos aspectos estéticos. Por isto a configuração destes produtos desde cedo mereceu especial atenção.

A tarefa principal do designer industrial na configuração dos produtos de cristal e porcelana para uso individual é a criação de produtos esteticamente agradáveis. Os designers da Rosenthal devem ter a capacidade de desenvolver diversas variações de forma a partir de uma idéia, sem descuidar dos detalhes, uma vez decidido o partido geral a ser adotado.

O trabalho dos designers da Rosenthal pode servir de exemplo de configuração de produtos que apresentam as seguintes características:

- Funções práticas amplamente conhecidas (não é possível melhorar essencialmente as funções práticas de uma xícara de café).
- Baixa complexidade estrutural.
- Gastos técnicos de produção relativamente baixos, o que permite uma rápida troca de modelos.
- Produção de uma grande quantidade de cada modelo.

Design Industrial
na Rosenthal:

112 + 113.
*Discussão sobre
o produto na
Rosenthal AG.*

Produtos da Rosenthal:

114.
*Serviço de café em
forma de lótus.*
Design do relevo:
Bjorn Wiinblad.
*Copos de cristal em
forma de lótus.*
Designer:
Richard Latham.

- Muitas soluções formais produzidas no passado ainda estão presentes no mercado (carga histórica exercendo pressão na hora da diferenciação).
- Busca de soluções inéditas e que agradem aos usuários.

O Design Studio da Rosenthal AG é o departamento principal da empresa e se reporta diretamente à diretoria do grupo. Possui 15 designers que, junto com 25 outros funcionários, são responsáveis pelo desenvolvimento e configuração dos produtos. Além disto, a Rosenthal

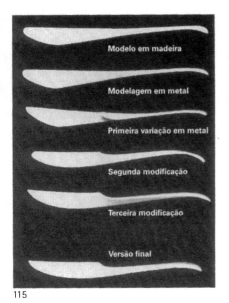

115 + 116.
Etapas de desenvolvimento da faca "Curva" e forma dos talheres "Curva".
Design: Tapio Wirkkala.

117 + 118.
Série de copos "Stem" e copos de cristal "Twist".
Designer: Michael Boem.

trabalha constantemente com designers internacionais reconhecidos, que são responsáveis por dois terços dos trabalhos de configuração de produtos para a empresa.

    O desenvolvimento de novos produtos começa com a identificação de uma oportunidade em uma das fábricas da Rosenthal AG e seus meios de produção. Numa reunião define-se um *briefing*, descrevendo-se as características do novo produto, da forma mais detalhada possível, para poder inseri-lo no programa de produção já existente. Para este planejamento de produtos, orientado principalmente para a produção, é importante conhecer o que é oferecido pela concorrência e como o novo

119.
*Parte do programa
"Plus" da Rosenthal.*
Design: Wolf Karnagel.

produto se diferencia dos seus concorrentes. As idéias e os desejos individuais de possíveis compradores não são considerados diretamente. Não são efetuadas pesquisas com protótipos, pois a experiência ensinou que os produtos com evidente grau de inovação na sua configuração, provocam desorientação nos entrevistados.

Durante o projeto, os designers produzem tantas alternativas quanto possível, para um problema determinado, em forma de desenhos ou modelos que são analisados em reuniões e discussões sobre o produto. Quando se trata de desenvolvimentos continuados ou de redesenho, são considerados os pontos anotados nas reuniões anteriores e os resultados são discutidos novamente em encontros posteriores.

A partir da observação do mercado e dos êxitos de venda no passado se obtém algum grau de segurança sobre o êxito futuro de determinados produtos. As experiências anteriores são úteis nas discussões para decidir se um produto será fabricado ou não. Sem uma informação fundamentada sobre as possibilidades de venda, não se dá continuidade ao desenvolvimento de nenhum produto. A decisão final sobre a inclusão de um produto no programa de produção é, na maioria das vezes, tomada pelo diretor-presidente da empresa, Philip Rosenthal, depois de ouvir as opiniões dos designers, técnicos e *experts* em marketing.

Design industrial na Olympia 7.6

A empresa Olympia Werke em Wilhemshaven, Alemanha, é um dos maiores fabricantes de máquinas e sistemas para escritório. Sem dúvida, esta posição no mercado é decorrente da política da empresa, que tem prestigiado o design de produtos. Todos os produtos desenvolvidos na empresa, como máquinas de calcular, máquinas de contabilidade, máquinas de escrever e sistemas de processamento de dados são configurados no setor de design. De acordo com a classificação estabelecida no capítulo 3.3, trata-se de produtos para uso por determinados grupos — no caso, aparelhos para serem usados em escritórios e por diversos usuários. Isto significa que, para configurar estes produtos, o designer industrial necessita ter à sua disposição dados precisos sobre o manejo dos produtos, ou deve conseguir informações sobre as tarefas executadas com os mesmos, durante o processo de uso.

A atividade do designer industrial na Olympia pode servir de exemplo de configuração de produtos que têm as seguintes características:

- Os equipamentos se encontram constantemente em desenvolvimento.
- A substituição dos componentes mecânicos pelos eletrônicos, o que ocasiona miniaturização dos produtos.
- Integração de diversos equipamentos individuais nos postos de trabalho.
- Complexidade estrutural média.
- Custos elevados de desenvolvimento de ferramental.
- Elevados custos técnicos de fabricação, muitas peças, fabricação e montagem em linha.
- A configuração se concentra na arquitetura do produto e na aparência externa dos produtos e de sua capacidade de combinação com outros elementos.

O setor de design da Olympia é um departamento central independente, que trabalha no desenvolvimento de máquinas de escrever, de calcular, equipamentos de processamento de dados, desenvolvimento em geral e documentação sobre patentes e técnicas, sendo subordinado à gerência-geral de desenvolvimento. Sete designers e nove colaboradores são responsáveis pela configuração dos produtos, que trabalham em estreita colaboração com os outros setores de desenvolvimento.

A base para o trabalho de configuração do designer industrial reside,

Design Industrial na Olympia:

120.
Modelo de estudo
formal para a
copiadora Omega 203.

121.
Modelo de estudo formal
para um equipamento
audiovisual.

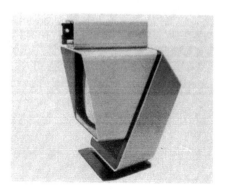

na maioria das vezes, em um *briefing*, elaborado em conjunto com os departamentos de desenvolvimento e vendas, no qual são anotados todos os fatores que influenciam o projeto do produto ou alguma idéia do designer sobre o produto, baseado em alguma técnica. Trata-se principalmente de fatores relacionados com a estrutura, funcionamento prático e técnicas de fabricação.

    A princípio não existem formulações precisas referentes ao tipo de configuração do produto. Isto significa que o designer industrial tem uma relativa liberdade no modo de enfocar seu trabalho. Cada designer na Olympia permanece responsável pelo projeto que lhe é designado, desde seu início até a sua introdução na produção. Como regra geral, trabalha-se simultaneamente em dois projetos ao mesmo tempo, enquanto outras tarefas aguardam sua vez.

    Ao contrário da Rosenthal, onde os produtos individuais, como um jogo de vasos de cristal, apresentam em comum os mesmos elementos de configuração, para constituir uma "família de produtos", na Olympia, os produtos são configurados independentemente uns dos outros. Não existe orientação para padronizar a configuração dos produtos com as mesmas características formais, pois esse tipo de compromisso é considerado prejudicial para o produto individual. Além disto, até hoje não está claro se isso traria um efeito positivo para o caso das máquinas de escritório.

    Os designers da Olympia não têm contato direto com os futuros usuários dos produtos. Eles obtêm as informações por meio do setor de vendas, assistência técnica, contatos com representantes e comerciantes em feiras e exposições. Para a configuração dos elementos de manejo, teclados etc. utilizam-se geralmente conhecimentos de ergonomia ou resultados de pesquisas externas.

Design Industrial na Olympia:

122, 123, 124.
*Projetos de máquinas
para escritório.*

122

125

125.
*Desenvolvimento de
um modelo.*

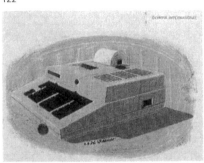
123

126

126.
*Modelos de design em
espuma de poliuretano*

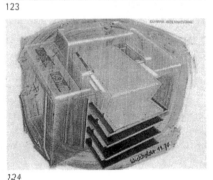
124

127

127.
*Modelos de design
para reuniões de
decisão.*

O processo de design da Olympia segue quase sempre as seguintes etapas metodológicas:

- *Fase 1*. Em primeiro lugar o designer responsável pelo projeto executa croquis das idéias e modelos preliminares, atendendo a um *check list* baseado no *briefing* de configuração do produto. A partir daí tem lugar uma discussão entre os designers e projetistas do departamento de Design, durante a qual se efetua a seleção dos projetos apresentados, conferindo com cuidado os pontos do *check list*.

p.129

128.
Discussão sobre o produto no ambiente do departamento.

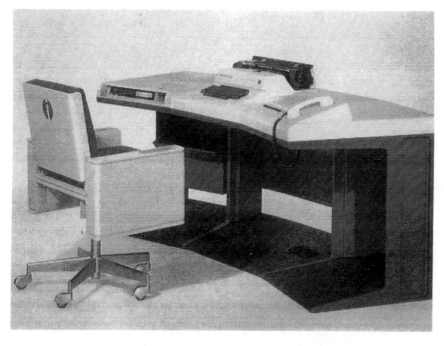

129.
Posto de trabalho integrado para processamento de textos IS 2000 WP.

• *Fase 2.* Após discussão em reunião com participação dos setores de projeto, distribuição e fabricação, são selecionadas as alternativas mais promissoras e passa-se a um trabalho mais intenso. Isto acontece com a execução de desenhos mais detalhados e de modelos mais elaborados. Esta documentação é submetida à gerência-geral de desenvolvimento para sua informação e aprovação.

• *Fase 3.* Com a aprovação da gerência-geral de desenvolvimento, os projetos são desenvolvidos de forma definitiva, isto é, são elaborados os desenhos definitivos, construído um modelo com acabamento perfeito e compilados os dados de configuração, que complementam o *check list*, deixando tudo pronto para a decisão final. A seguir a diretoria-geral decide pelo lançamento ou não do novo produto.

Após a decisão positiva da diretoria, o designer acompanha o produto até sua entrada em produção, fazendo as correções necessárias.

O trabalho do designer industrial na Olympia tem alto grau de influência sobre os aspectos técnicos. Sua tarefa principal é adaptar os produtos, a partir de funções práticas, às condições do processo de utilização. Além disto, é necessário adicionar características aos produtos para se diferenciarem dos seus concorrentes.

Design industrial na Opel   7.7

Simultaneamente à concentração de empresas na indústria automobilística, produziu-se uma ampla e gradual diferenciação dos programas de produção para atender aos desejos mais variados dos consumidores. Com isto, a configuração de produtos adquiriu uma importância estratégica junto à direção dessas empresas.

Os automóveis são produtos utilizados principalmente por grupos delimitados e, devido à sua exposição pública, são especialmente adequados para manifestar o *status* social. A política de produtos dos fabricantes de automóvel, ao oferecer um modelo adequado para cada estrato social, obriga os designers a considerar as preferências próprias de cada estrato social por determinadas características estéticas.

O trabalho dos designers industriais da Opel, subsidiária alemã do grupo GM, pode servir de exemplo da configuração de produtos que apresentam as seguintes características:

- Sensível nivelamento técnico dos automóveis entre todas as empresas concorrentes.
- Obrigação de se diferenciar dos competidores. Por isso se dá uma atenção especial à configuração dos produtos.
- Alta complexidade estrutural.
- Altos custos técnicos de fabricação.

Design Industrial na Opel:

130

131

130, 131, 132, 133, 134.
Desenvolvimento de projeto, discussão e projeto dos automóveis Opel Rekord II

132

133

134

135.
Estudo ergonômico.

136.
Modelo em plastilina recoberto com película especial.

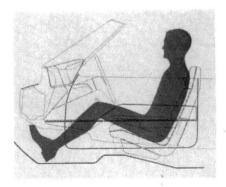

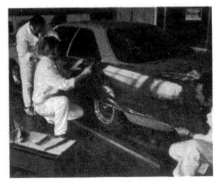

137.
Modelo em escala 1:1 do Opel Rekord Commodore.

- Altos custos do maquinário de produção.
- A configuração precisa agradar o lado emocional do usuário.
- Para produtos tão complexos, com preços elevados, as séries de produção são em número relativamente alto.

O setor de design da Opel é um departamento independente, diretamente subordinado à direção geral da empresa. Vinte designers industriais fazem parte da equipe. Equipes de três ou quatro designers desenvolvem a configuração dos diversos modelos nos estúdios. Equipes semelhantes desenvolvem os interiores dos respectivos modelos.

A distribuição do trabalho no departamento de design da Opel é tão avançada que os designers somente se ocupam da concepção dos automóveis na forma de desenhos em perspectiva a cores (*renderings*). Para a construção do modelo tridimensional estão à disposição dos 20 designers, cerca de 130 colaboradores diversos incluindo engenheiros, modeladores e especialistas em madeira, metal e plásticos.

O desenvolvimento de novos produtos é proposto pela direção geral da empresa. As responsabilidades pela configuração formal são exclusivas do departamento de design. As idéias são frutos de conceitos próprios e da observação do comportamento no mercado dos modelos próprios e da concorrência. Por isto são consideradas as experiências e os desenvolvimentos anteriores. Os desejos dos usuários são pesquisados pelo departamento comercial e convertidos em estatísticas, relatórios sobre reações dos clientes e resultados de pesquisas de mercado.

A configuração de um automóvel na Opel se desenvolve aproximadamente da seguinte forma:

O objetivo do projeto é definido pela direção da empresa, que elabora um plano de metas, após o qual são desenvolvidos simultaneamente os conceitos técnico e formal. O conceito técnico indica a postura do motorista e dos passageiros, as condições ergonômicas, a colocação dos acessórios, dimensões da carroceria, do porta-malas etc. O conceito formal é desenvolvido segundo as necessidades técnicas, primeiro em representações bidimensionais e depois em representações tridimensionais com modelos em escala 1:3. Cada designer tem a oportunidade de pesquisar todas as informações necessárias ao seu trabalho, tendo um amplo arquivo técnico e banco de dados à sua disposição. As sugestões de design são discutidas com representantes de outros departamentos, debatendo e criticando as alternativas apresentadas. O trabalho em conjunto decorre sem atritos porque as competências estão claramente definidas. Apenas o departamento de design é responsável pelo design.

Para os designers da Opel não é difícil achar novas formas para o automóvel. As grandes dificuldades residem em "vender" o design à direção da empresa e em manter a concepção do projeto sem mudanças radicais, compatibilizando os fatores limitadores de custos, acréscimo de acessórios, possibilidades de produção na linha de montagem, regulamentações de trânsito, aerodinâmica etc. Isto só é possível com a inclusão prévia de todos estes fatores no projeto. Os protótipos em escala 1:1 são testados, após diversas reuniões de projeto, e apresentados a milhares de possíveis

138.
Opel Rekord II na linha de montagem.

139.
Opel Rekord II na versão definitiva.

consumidores. Os testes são executados por institutos especializados em pesquisa de mercado. Os protótipos testados são submetidos a um colegiado geral da empresa para decisão. Este se compõe dos representantes dos departamentos de vendas, engenharia, design, produção, finanças, controle de qualidade, relações públicas e publicidade.

A principal característica dos designers da Opel é a geração de uma grande quantidade de sugestões alternativas para um problema, em representação bidimensional, e a transposição das alternativas mais aceitáveis para os modelos tridimensionais. Além disto, eles têm de defender os projetos no nível intermediário de decisão. As decisões definitivas são de responsabilidade única do chefe do departamento de design.

Design industrial na Krupp 7.8

O grupo Krupp se constitui de numerosas empresas isoladas com programas de produção os mais diversos. Para dar uma amostra desta multiplicidade citaremos algumas das empresas e seus produtos:
- AG Weser – Turbinas para navios.
- Fried. Krupp GmBH Harburg – Construções em aço e bronze.
- Fried. Krupp GmBH Essen – Máquinas e construções industriais.
- Fried. Krupp GmBH – Construção de gruas.
- Fried. Krupp GmBH – Construção civil e tratamento de águas.
- Fried. Krupp GmBH Atlas Elektronic.
- Atlas MaK Machinenbau GmBH.

Uma outra empresa do grupo Krupp é o Instituto Central de Pesquisa

140.
*Croqui da zona de uso
da cabina de uma grua.*

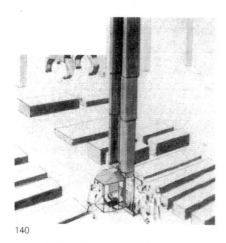

141, 142, 143.
*Modelo de estudo de
uma cabina de grua.*

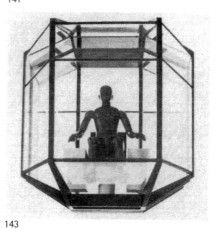

e Desenvolvimento que atua para as empresas acima citadas e outras do grupo. Neste Instituto Central há, desde 1962, um Departamento de Configuração de Produtos, que tem três designers industriais, além de pessoal de apoio, que são responsáveis pelos problemas de configuração de produtos do grupo. Muitos produtos desenvolvidos ali se classificam no item 3.4 de produtos com os quais o público tem pouca relação. São utilizados por poucos profissionais e com fins muito específicos. Podemos citar como exemplos desses produtos as ferramentas de ar comprimido, politrizes, prensas de conformação a quente e freios de disco para gruas.

Além disto, nas empresas Krupp existem também trabalhos de design com intensa relação do usuário com o produto. A configuração de cabines de

144.
Modelo de trem compacto Krupp para tráfego urbano.

gruas, guindastes ou pontes rolantes, cabines para veículos, ou trem compacto para tráfego urbano são alguns exemplos.

O trabalho do designer industrial na Krupp pode servir de exemplo para produtos que têm as seguintes características:

- A aparência visual dos produtos é determinada em grande parte pelos aspectos construtivos e técnicos de fabricação.
- A maioria dos produtos tem estrutura construtiva de grande complexidade.
- As tarefas são muito diversificadas e são influenciadas por um elevado número de fatores.
- Na maioria das vezes, os produtos são fabricados em séries reduzidas, freqüentemente de apenas uma peça.
- O trabalho do designer industrial se concentra na otimização dos produtos quanto às exigências de manejo, aplicando-se os conhecimentos específicos da ergonomia. São também objetivos do trabalho de configuração, simplificar a fabricação, reduzir os elementos construtivos e melhorar a aparência visual.

O Departamento de Design, dentro do Instituto Central de Pesquisa e Desenvolvimento em Essen, na Alemanha, recebe solicitações de todas as empresas do grupo Krupp que, devido aos custos, são limitadas em termos de horas. Se exceder o custo fixado, o departamento possui um orçamento adicional à sua disposição.

A solicitação de um projeto de design ao Instituto Central parte da

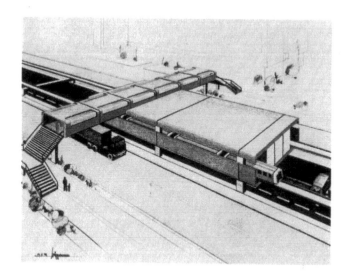

145.
Projeto de estação para trem compacto.

direção de cada empresa, além da situação do mercado. Nos setores que não têm concorrência no mercado, o designer é pouco solicitado. Por outro lado, nos setores onde as empresas concorrentes investem no design de produtos, existe uma obrigação de melhorar a qualidade dos produtos, mediante uma decisiva participação do departamento de design.

Na Krupp, os designers atuam como consultores das empresas filiadas e trabalham em tarefas ou problemas definidos. Raramente se executa uma consultoria duradoura a um problema do início ao fim. Em conseqüência, após a apresentação de uma solução elaborada pelos designers, eles têm pouca influência na implantação ou nas eventuais modificações do projeto, o que se explica pela distância física existente entre as fábricas. Os designers trabalham, na maioria dos projetos, com projetistas mecânicos e, de acordo com desejos "superiores", só exercem funções de consultoria. Muitas vezes, soluções elaboradas por eles são alteradas por meio de redesenho em outros setores. Como desvantagem para a legitimação do designer industrial há ainda a demora entre o projeto do produto e a sua fabricação.

Freqüentemente transcorrem anos e o sucesso das atividades de design fica diluído, porque os produtos são julgados por critérios prático-funcionais. Este é um dos motivos, dentre outros, pelo qual o designer industrial não ocupa uma posição de maior destaque na indústria de bens de capital.

O processo de design 8

As relações indicadas na Fig. 3 foram estudadas até agora com o objetivo de mostrar a importância dos produtos industriais para o usuário e das relações do usuário com o produto, durante o processo de uso. Além disto, considerando-se a importância do design industrial para o fabricante, também pode-se observar como se dá a inclusão do departamento de design na empresa. As relações entre designer industrial e o objeto desenhado (produto industrial) se denominam processo de design, que agora estudaremos com maior precisão.

Ao contemplar o processo de design observam-se três aspectos importantes, que se manifestam especialmente na Fig. 146. O ponto de partida é o designer industrial. Como elemento criativo, ele percorre quatro fases diferentes e se esforça para desenvolver um produto inovador dotado de um elevado número de características valorizadas pelos usuários.

O designer industrial como criador 8.1

As solicitações da direção de uma empresa ao designer industrial são variadas e já foram citadas em parte. Antes de mais nada, espera-se que o designer industrial produza soluções novas para produtos industriais. O designer industrial pode ser considerado como produtor de idéias, recolhendo informações e utilizando-as na solução de problemas que lhe são apresentados. Além de sua capacidade intelectual, *i.e.*, capacidade de reunir informações e utilizá-las em diversas situações, ele deve possuir capacidade criativa. A criatividade do designer industrial se manifesta quando, baseando-se em seus conhecimentos e experiências, ele for capaz de associar determinadas informações com um problema, estabelecendo novas relações entre elas. Para isto é necessário observar fatos conhecidos sob novos pontos de vista, abandonando-se a segurança daquilo que é conhecido e comprovado, por uma postura crítica em busca de novas respostas a antigos problemas. A originalidade que se exige do designer industrial para conceber produtos inéditos deve-se ao imperativo cada vez maior da novidade como arma poderosa para superar a situação competitiva do mercado. Para que o designer industrial possa desenvolver idéias originais e transformá-las em um produto inovador, são necessários alguns requisitos.

O conhecimento de um fato ou de um problema é uma das condições

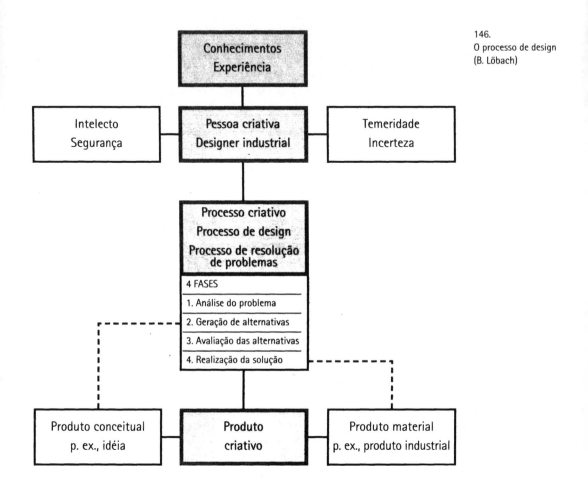

146.
O processo de design
(B. Löbach)

necessárias à atividade do designer industrial. Por isto é da maior importância, para alcançar a solução de um problema, reunir e analisar todas as informações disponíveis. Quanto mais ampla for a abordagem do problema, mais aumentam as combinações possíveis entre as diversas variáveis e maior a probabilidade de se chegar a soluções novas. Para aplicar os conhecimentos e a experiência no processo de design, o designer industrial deve ter uma certa curiosidade e uma vontade de buscar soluções inéditas. Em um determinado momento, o designer deve se desligar conscientemente das restrições e soluções formais, por algum tempo, liberando a mente, que passa a explorar novas perspectivas para coisas conhecidas. A espontaneidade é uma das condições para a inventividade.

O designer industrial criativo tem segurança psicológica e é capaz de suportar a tensão e ansiedades das incertezas, em busca de novos caminhos.

O processo de design — um processo de solução de problemas   8.2

Todo o processo de design é tanto um processo criativo como um processo de solução de problemas:

- Existe um problema que pode ser bem definido;
- Reúnem-se informações sobre o problema, que são analisadas e relacionadas criativamente entre si;
- Criam-se alternativas de soluções para o problema, que são julgadas segundo critérios estabelecidos;
- Desenvolve-se a alternativa mais adequada (por exemplo, transforma-se em produto).

O trabalho do designer industrial consiste em encontrar uma solução do problema, concretizada em um projeto de produto industrial, incorporando as características que possam satisfazer as necessidades humanas, de forma duradoura. A Fig. 147 apresenta esquematicamente este processo de design e suas etapas. Estas serão ilustradas com um projeto de cama hospitalar para crianças, desenvolvida por Karsten Büntzow e Peter Esselbrügge, como trabalho de graduação na Escola Profissional Superior de Bielefeld, Alemanha.

Fases do processo de design   8.3

Como o processo de design pode se desenvolver de forma extremamente complexa (dependendo da magnitude do problema) nos parece útil, para fins didáticos, dividi-lo em quatro fases distintas, embora estas fases nunca sejam exatamente separáveis no caso real. Elas se entrelaçam umas às outras, com avanços e retrocessos.

Processo Criativo	Processo de solução do problema	Processo de design (desenvolvimento do produto)
1. Fase de preparação	**Análise do problema** Conhecimento do problema Coleta de informações Análise das informações Definição do problema, clarificação do problema, definição de objetivos	**Análise do problema de design** Análise da necessidade Análise da relação social (homem-produto) Análise da relação com ambiente (produto-ambiente) Desenvolvimento histórico Análise do mercado Análise da função (funções práticas) Análise estrutural (estrutura de construção) Análise da configuração (funções estéticas) Análise de materiais e processos de fabricação Patentes, legislação e normas Análise de sistema de produtos (produto-produto) Distribuição, montagem, serviço a clientes, manutenção Descrição das características do novo produto Exigências para com o novo produto
2. Fase da geração	**Alternativas do problema** Escolha dos métodos de solucionar problemas, Produção de idéias, geração de alternativas	**Alternativas de design** Conceitos do design Alterantivas de solução Esboços de idéias Modelos
3. Fase da avaliação	**Avaliação das alternativas do problema** Exame das alternativas, processo de seleção, Processo de avaliação	**Avaliação das alterantivas de design** Escolha da melhor solução Incorporação das características ao novo produto
4. Fase de realização	**Realização da solução do problema** Realização da solução do problema, Nova avaliação da solução	**Solução de design** Projeto mecânico Projeto estrutural Configuração dos detalhes (raios, elementos de manejo etc.) Desenvolvimento de modelos Desenhos técnicos, desenhos de representação Documentação do projeto, relatórios

147. Etapas de um projeto de design

Fase 1: Análise do problema   8.3.1

Conhecimento do problema

A descoberta de um problema constitui o ponto de partida e motivação para o processo de design, que depois se define melhor no seu desenrolar, dependendo do tipo de problema. Seria então a primeira tarefa do designer industrial a descoberta de problemas que possam ser solucionados com a metodologia do design industrial. Na atual conjuntura da produção industrial, a direção da empresa ou os especialistas em pesquisas de mercado ou de consumo tiram do designer industrial a tarefa da descoberta ou da percepção do problema. Na empresa, o designer industrial geralmente tem pouca influência na problematização. A sua missão consiste em propor uma solução em forma de produto, para um determinado problema.

Coleta de informações

Quando há conhecimento de um problema e intenção de solucioná-lo, segue-se uma cuidadosa análise do mesmo. O âmbito dessa análise depende da abrangência e da importância da solução do problema. Dependendo do caso, ela pode ser detalhada ou ampliada ao entorno do mesmo. Na primeira fase do processo de design, é muito importante recolher todas as informações que se possam conseguir e prepará-las para a fase posterior de avaliação. Para isto é essencial a coleta de conhecimentos sobre o problema sem censuras. Todos os dados podem ser importantes, para a base sobre a qual se construirá a solução. Na solução de um problema de desenvolvimento de produto são numerosos os fatores a analisar. Eles estão citados na Fig. 147 sob a designação *Análise do problema de design.*

Durante a *Análise da necessidade* deve-se estudar quantas pessoas estariam interessadas na solução do problema. A direção de uma empresa industrial se interessa por essa informação porque ela condiciona o retorno do investimento.

A *Análise da relação social* estuda as relações do provável usuário com o produto planejado: que classes sociais o utilizariam e ainda se a solução é adequada para proporcionar prestígio social, *i.e.,* servir de símbolo de *status*. Na *Análise da relação com o meio ambiente* devem ser consideradas todas as relações recíprocas entre a possível solução e o meio

p.143

148.
Cama de hospital infantil. Situação real: Hospital Infantil "Seehospiz", Nordseebad Nordeney (Alemanha).

ambiente onde será utilizado. Neste caso, trata-se de efetuar um prognóstico de todas as circunstâncias e situações em que o produto será utilizado durante sua vida útil. Por um lado, analisam-se as ações do meio ambiente sobre o produto (condições meteorológicas, sujeira etc.); por outro, as ações do produto sobre o meio ambiente (poluição, impacto ambiental etc.).

Dependendo do problema, pode ser interessante fazer uma *Análise do desenvolvimento histórico* de um determinado tipo de produto, com a finalidade de extrair dados para o novo desenvolvimento. Em uma *Análise do mercado* são reunidos e revistos todos os produtos da mesma classe oferecidos ao mercado, que fazem concorrência ao novo produto. Isto passa a ser de especial importância para a empresa, quando a solução para o problema tem o objetivo de melhorar um produto existente e se diferenciar dos produtos concorrentes. A comparação dos diversos produtos oferecidos no mercado é feita a partir de pontos comuns de referência. Para criar estes pontos de referência, o designer industrial deve estruturar as características do produto. Só quando se conhecem todos os detalhes pode-se examinar o produto e elaborar os pontos de partida para sua melhora. Este tipo de análise de mercado orientado para o produto (em oposição ao processo orientado para o consumo) é conhecido como *Análise comparativa do produto*.

Estas análises comparativas de produtos devem representar estados reais de produtos existentes, determinar suas deficiências e valores, para estabelecer a melhoria possível do produto em desenvolvimento. Para efetuar as análises de produtos existem procedimentos especiais como, por exemplo, análise funcional, análise estrutural, e o *benchmarking.*

Uma *Análise da função* dá informações sobre o tipo de função técnica de um produto. Com ela se compreende a forma de trabalhar de um produto,

149 + 150.
Análise de mercado/
Análise comparativa de
produtos (2 de 8
camas analisadas).

149

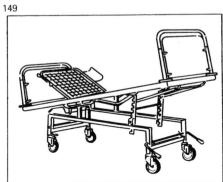

Fabricante: Fa. LAC ARNOLD, Schorndorf

Tipo: 52-64097

Dimensões:		
- Superfície útil	cm	170x80
- Comprimento total	cm	193
- Largura total	cm	86
- Altura da zona da cabeça	cm	-
- Altura da zona dos pés	cm	-
- Altura livre sobre o solo	cm	33
- Alt. da superfície de descanso	cm	55
Quadro do colchão:		
- Tubo quadrado		O
- Tubo redondo		●
- Perfil L		●
- Tela metálica		O
- Molas		●
Superfície útil graduável		O
Respaldo graduável		O
- Mecanismo		O
- Regulagem a gás		●
Apoio de pernas regulável		O
- Mecanismo		O
- Regulagem a gás		●
- Forma de cobertura		●
- Posição elevada		O
- Posição horizontal		O
Fechamento da cabeceira		
- Madeira		O
- Varetas		●
Fechamento da peseira		
- Madeira		O
- Varetas		●
Alças		O
Pára-choques		O
Rodízios		O
Cor:		
- Cinza claro		O
- Branco		●
- Outra		O
Acessórios:		
- Suporte de toalhas		X
- Dispositivo elevador		X
- Encaixe de extensão		X
- Laterais		X
O = Sim ● = Não X = Opcional		

150

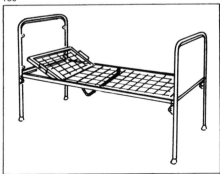

Fabricante: Fa. LAC ARNOLD, Schorndorf

Tipo: 52-38037

Dimensões:		
- Superfície útil	cm	170x70
- Comprimento total	cm	178
- Largura total	cm	74
- Altura da zona da cabeça	cm	115
- Altura da zona dos pés	cm	105
- Altura livre sobre o solo	cm	45
- Alt. da superfície de descanso	cm	50
Quadro do colchão:		
- Tubo quadrado		O
- Tubo redondo		●
- Perfil L		●
- Tela metálica		O
- Molas		●
Superfície útil graduável		●
Respaldo graduável		O
- Mecanismo		O
- Regulagem a gás		●
Apoio de pernas regulável		●
- Mecanismo		●
- Regulagem a gás		●
- Forma de cobertura		●
- Posição elevada		●
- Posição horizontal		●
Fechamento da cabeceira		
- Madeira		O
- Varetas		●
Fechamento da peseira		
- Madeira		O
- Varetas		●
Alças		O
Pára-choques		●
Rodízios		●
Cor:		
- Cinza claro		O
- Branco		●
- Outra		●
Acessórios:		
- Suporte de toalhas		O
- Dispositivo elevador		●
- Encaixe de extensão		●
- Laterais		O
O = Sim ● = Não X = Opcional		

151, 152, 153.
Estrutura de construção de diversos tipos de cama.

154.
Análise das relações sociais — representação gráfica.

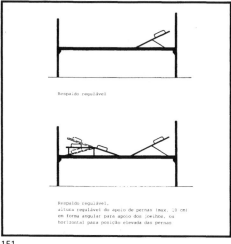
151

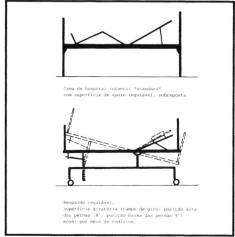
152

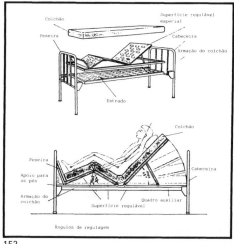
153

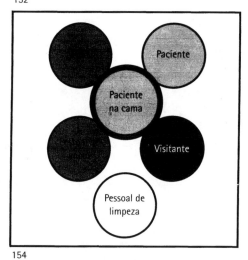
154

baseada em leis físicas ou químicas que se fazem presentes durante o processo de uso de suas funções práticas. Esta forma de atuar de um produto pode ser ensaiada por meio de processos racionais de controle como medição, pesagem, raio X, prova de carga etc. A análise da função é um método para estruturar as características técnicas funcionais de um produto, que podem ser observadas através de suas qualidades funcionais. Mediante a análise funcional decompõe-se a função principal em suas funções secundárias. O meio para esta representação é a "árvore topográfica". Nesta figura todas as funções secundárias e suas relações de proximidade são ordenadas logicamente. A interdependência das qualidades das funções é determinada e ordenada segundo o seu grau de complexidade. Por meio deste processo, até produtos industriais complexos podem ser avaliados com critérios objetivos. Isto é importante para a questão da melhora de um produto.

O objetivo da *Análise estrutural* é tornar transparente a estrutura de um produto, mostrar a sua complexidade estrutural. Com base na análise estrutural de um produto pode ser decidido se o número de peças poderá ser reduzido, se peças podem ser juntadas e racionalizadas – em suma, como o avanço da tecnologia pode melhorar um produto.

Dentro da análise do problema de design, a *Análise da configuração* estuda a aparência estética dos produtos existentes, com a finalidade de se extrair elementos aproveitáveis a uma nova configuração. Uma análise da configuração estabelece todas as características da configuração do produto e as compara com as de suas possíveis variantes. Em uma visão mais ampla, a análise da configuração pode servir como instrumento de elaboração de detalhes formais do novo produto, onde são representadas todas as soluções formais possíveis. Na análise da configuração estão incluídas a análise da aplicação da cor, o tratamento superficial etc.

Neste sentido seria ir longe demais, definir e descrever em pormenor todas as fontes de informação e esclarecer todos os procedimentos com os quais se pode conduzir uma análise do problema de design. Outros aspectos importantes no desenvolvimento de produtos industriais são a *Análise dos materiais e processos de fabricação* passíveis de serem empregados, e até que ponto *Patentes, legislação e normas* influenciam as possíveis soluções do problema. No caso de produtos que são parte de um sistema, mediante uma *Análise de sistema de produtos* se averigua em que medida as partes do sistema interagem e de que forma isto influencia o produto. O tipo de *distribuição, montagem, serviço ao cliente e manutenção* são aspectos adicionais a considerar para alcançar a solução para o produto.

Definição do problema, Clarificação do problema, Definição de objetivos
Por meio da coleta de todos os conhecimentos disponíveis e o incremento dos conhecimentos específicos, com base em processos analíticos, se vai progressivamente tendo uma visão global do problema em toda a sua extensão, o

que torna possível defini-lo com precisão. A definição do problema e a sua clara visualização é importante quando várias pessoas estão envolvidas no processo de design. Isto é quase sempre o caso do desenvolvimento e configuração de produtos em empresas industriais, por ser imprescindível uma ampla análise do problema.

```
Condições para a nova cama de hospital infantil

 1. Possibilitar a fabricação em série
 2. Considerar as cores adequadas a crianças
 3. Utilização de um colchão único
 4. Possibilitar fabricação simples
 5. Proporcionar uma construção estável
 6. Possibilitar uma montagem fácil
 7. Facilitar o intercâmbio de elementos
 8. Procurar utilizar  uma altura da superfície da cama adequada
    ao paciente, ao médico e ao pessoal de apoio
 9. Garantir a segurança de funcionamento
10. Colocar alças
11. Evitar que o travesseiro se desloque
12. Possibilitar posição segura dos braços para infusões
13. Evitar quinas e cantos agudos
14. Diminuição do peso total
15. Considerar as possibilidades de armazenagem
16. Considerar um apoio reforçado para a cabeça
17. Considerar um apoio reforçado para as costas
18. Considerar um apoio reforçado para as pernas
19. Considerar um apoio reforçado para os braços
20. Considerar uma superfície da cama basculante
21. Considerar um apoio de pés graduável
22. Considerar um apoio de braços variáveis
23. Incrementar a facilidade de movimento das partes mecânicas
24. Suporte do apoio de cabeça
25. Possibilitar regulagem contínua
26. Facilitar a posição dos braços para as infusões
27. Considerar uma superfície da cama interrompida
28. Uso continuado da mesa da cama
29. Considerar o custo dos materiais
30. Considerar os custos de fabricação
31. Facilitar o transporte e o despacho
32. Alcance das superfícies existentes
33. Simplicidade da limpeza da cama
34. Emprego de partes mecânicas livres de manutenção
35. Considerar as recomendações de higiene
36. Considerar a eventual higiene diária
    na cama
37. Possibilidade de colocação de acessórios
38. Facilitar a capacidade de manobra
39. Possibilidade de armazenagem em espaço mínimo
40. Redução dos ruídos de regulagem
41. Considerar a constituição física
    fraca da criança
42. Considerar a limpeza do chão
43. Considera as condições de espaço
    do hospital
44. Utilização dos elementos técnicos mais simples
45. Possibilitar a combinação de cores no hospital
46. Considerar uma combinação de cores adequada à criança
47. Atenção à curiosidade infantil
48. Evitar acessórios que estorvem
49. Possibilidade de uso rápido
50. Evidenciar as funções
```

155.
Requisitos para a nova cama de hospital infantil.

156.
Inter-relações entre os requisitos da cama de hospital infantil.

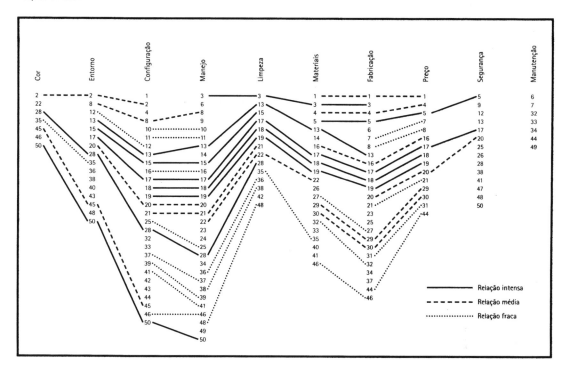

A definição do objetivo do problema é o retrato do problema em si, a expressão verbal e visual de todas as idéias e de todos os resultados analíticos que tornam possível discutir o problema. Através da definição do problema se chega à sua clarificação, pela qual todos os participantes do processo de design chegam a um consenso sobe a problemática que se apresenta. Assim é possível fazer um julgamento sobre a importância dos diversos fatores. Todos os resultados da análise do problema de design podem ser incorporados à formulação da nova solução do problema. Os fatores do produto podem ser inter-relacionados entre si, como exemplificamos na cama hospitalar infantil (Fig. 156).

Através do pre-estabelecimento dos fatores de influência definem-se as metas, que deverão ser alcançadas com aplicação de processos criativos. A definição do problema e sua clarificação ocorrem em paralelo à definição de objetivos e deflagram o processo criativo para a solução do projeto.

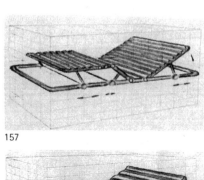
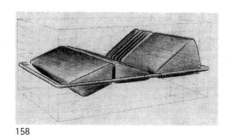
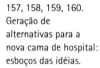

157, 158, 159, 160. Geração de alternativas para a nova cama de hospital: esboços das idéias.

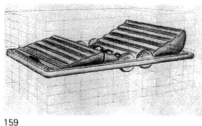
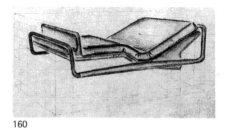

Fase 2: Geração de alternativas 8.3.2

Depois que, na primeira fase do processo de design, se analisa o problema com seu entorno, na segunda fase são geradas as alternativas para o mesmo. É a fase da produção de idéias baseando-se nas análises realizadas. Nesta fase de produção de idéias a mente precisa trabalhar livremente, sem restrições, para gerar a maior quantidade possível de alternativas. Os psicólogos explicam o processo criativo dizendo que o desconhecido está presente no homem em diversas camadas. Nas camadas superiores ocorrem todas as associações de idéias, sem censura. Somente um pequeno número de combinações utilizáveis penetra na consciência e ali sofre um controle que se apóia nos critérios estabelecidos. Mesmo que existam fatos considerados incoerentes ou uma complexidade caótica, elas são convertidas a uma ordem simples e compreensível.

Escolha dos métodos de solucionar problemas
Para elaborar soluções para os problemas são possíveis dois tipos distintos de procedimentos, que também podem se apresentar de forma mista:
- Tentativa e erro.
- Aguardar a inspiração.

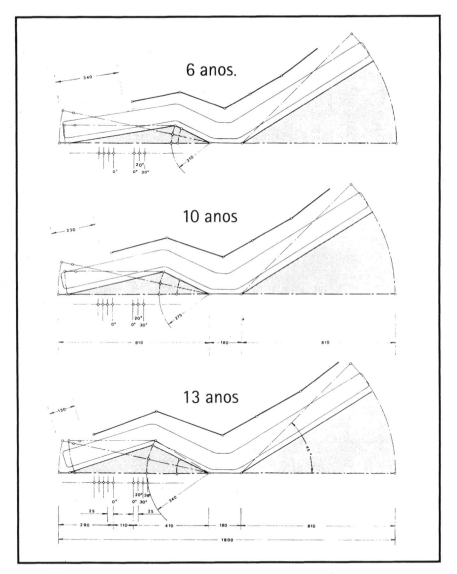

161.
Variantes da cama de hospital infantil, para diferentes idades.

162

163

162, 163, 164.
Alternativas para a nova cama de hospital: Modelos.

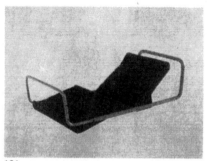
164

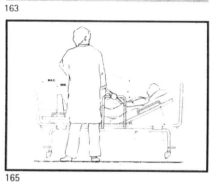
165

165.
Relações dimensionais: Médico-Paciente-Cama.

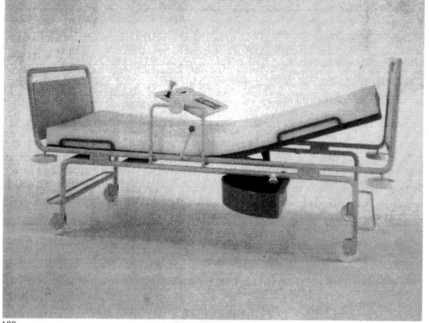
166

166.
Cama de hospital infantil: modelo final de design.
Design: Karsten Büntzow, Peter Esselbrügge.

p.152

Estes são caminhos na busca de soluções muito empregados sobretudo por artistas. Contudo, o trabalho do designer industrial pode ser menos aleatório.

As soluções para problemas de design podem ser buscadas, usando-se métodos adequados e, em um menor prazo de tempo, pode-se chegar a uma solução viável para o problema. No exemplo da cama de hospital para crianças foram discutidas todas as alternativas apresentadas e aquelas aparentemente utilizáveis foram desenhadas na forma de *esboços das idéias* em uma malha quadriculada (Figs. 157-160). Usando-se métodos adequados de resolução de problemas, pode-se encurtar o tempo de geração das idéias, mediante atividades dirigidas, que podem ser controladas em cada etapa.

Produção de idéias, geração de alternativas

Gerar idéias é a produção das diversas alternativas possíveis para solucionar o problema em questão. É importante, neste caso, fazer a separação temporal entre a fase analítica e aquela criativa. Muitas vezes, isto é difícil para o designer industrial já que a análise do problema levou na maioria das vezes muito tempo e parece sem sentido durante a fase criativa "esquecer" todos os conhecimentos acumulados. A preocupação intensa demais com os fatores restritivos inibe o processo da produção de idéias. É importante que, nesta fase, as idéias não sofram julgamentos. Em princípio, é necessário uma certa liberdade na procura de muitas alternativas possíveis para o problema. A técnica desta fase é a associação livre de idéias, o que sempre conduz a novas combinações de idéias. Este processo pode ser provocado de novo, após um intervalo, mediante retroalimentação com o material analítico. Realiza-se constantemente então, um afastamento proposital e uma nova aproximação do problema. Nos intervalos de descanso, a mente continua a processar o problema de forma inconsciente, também chamada de incubação. Nesta fase criativa é importante para o designer industrial preparar e executar esboços de idéias ou modelos tridimensionais de todos os detalhes das alternativas mais promissoras. Desta forma podem coletar alternativas com combinações novas e prepará-las para a fase de avaliação.

p.153

Fase 3: Avaliação das alternativas 8.3.3

Exame das soluções, processo de seleção

Quando, na fase de geração de alternativas, se fazem visíveis todas as idéias por meio de esboços ou modelos preliminares, eles poderão ser comparados na fase de avaliação das alternativas apresentadas. Entre as alternativas elaboradas pode-se encontrar agora qual é a solução mais plausível se comparada com os critérios elaborados previamente.

Processo de avaliação

Para a avaliação de alternativas de design é importante que, no final da fase de análise, sejam fixados os critérios de aceitação do novo produto. Só assim o designer industrial pode escolher, dentre as alternativas de projeto, a melhor solução. Em geral, nas empresas industriais, isto é feito com a participação de todos os responsáveis pelo planejamento de produtos, design de produtos e comercialização.

Para a avaliação de alternativas de design existem diversos procedimentos de decisão que Bernhard E. Bürdek (24), entre outros, descreve em seu livro.

Para a avaliação de produtos industriais novos existem duas variáveis, que podem ser transformadas em perguntas:

- Que importância tem o novo produto para o usuário, para determinados grupos de usuários, para a sociedade?
- Que importância tem o novo produto para o êxito financeiro da empresa?

Todos os critérios de avaliação se relacionam com estas duas variáveis e, dependendo dos objetivos de desenvolvimento do produto, pode-se dar um peso maior a uma delas.

Fase 4: Realização da solução do problema 8.3.4

O último passo do processo de design é a materialização da alternativa escolhida. Ela deve ser revista mais uma vez, retocada e aperfeiçoada. Muitas vezes, ela não é nenhuma das alternativas, isoladamente, mas uma combinação das características boas encontradas em várias alternativas. A melhor alternativa apresentada na forma de um produto industrial, se converte então — através de diversas etapas — em um protótipo e cabeça de série. O projetista determina exatamente a estrutura, as dimensões físicas do produto, como a bitola da viga e a potência do motor. O designer industrial elabora a melhor solução nos seus mínimos detalhes. Devem ser especificados, por exemplo, os raios de curvatura, os acabamentos superficiais, os elementos de manejo e as escalas de leitura. Na maioria das vezes o resultado é um modelo visual com todos os desenhos necessários e textos explicativos. Esta documentação é levada ao mais alto nível hierárquico da empresa industrial para uma *avaliação* definitiva e ali se decide se o projeto elaborado será colocado ou não na linha de produção.

Estética do design industrial

No início definimos o design industrial como sendo o processo de adaptação dos produtos de uso fabricados industrialmente, às necessidades físicas e psíquicas do usuário ou grupo de usuários. Considerando que compete ao designer industrial elaborar as funções estéticas e simbólicas dos produtos, mediante as quais se atendem as necessidades psíquicas do usuário, a estética do design industrial adquire uma especial importância. Como já se viu, as relações designer industrial–produto industrial (processo de design) e as relações usuário–produto industrial (processo de uso) (Fig. 3), constituem processos dinâmicos. Estes processos em conjunto fazem parte de uma comunicação estética entre o designer industrial e o usuário e, por isso, estão sujeitos a uma constante mudança de conceitos, normas e estímulos subjetivos. Este processo de comunicação, em sua totalidade, é também tema de uma estética do design industrial. Uma estética que se desenvolve com processos variáveis, deve refletir todas as facetas do mesmo em sua variabilidade. É importante que não se limite unicamente à descrição dos objetos estéticos e, sim, que não perca de vista as relações entre as pessoas e os objetos.

O conceito estético provém da palavra grega *aesthesis* e significa algo como percepção sensorial. Com isto se considera apenas um aspecto da estética. A definição mais ampla da estética considera-a como: *ciência das aparências perceptíveis pelos sentidos (por exemplo a estética do objeto), de sua percepção pelos homens (percepção estética) e sua importância para os homens como parte de um sistema sociocultural (estética de valor).* Pode-se acrescentar também a teoria da produção estética do homem (estética aplicada). A estética do design industrial deve se desenvolver ao menos segundo esses aspectos (Fig. 167).

Na *estética do objeto* se descrevem as características visuais do objeto e suas qualidades. Esta descrição pode ser feita por métodos matemáticos, produzindo-se uma "*estética numérica*" (25), em que a importância dos objetos para o usuário é fixada com rigor científico. Um segundo tipo de descrição é pela expressão verbal sobre os objetos estéticos e sua importância para os observadores, incluindo os aspectos parciais da percepção estética e da estética de valores. Este método é utilizado aqui. Na *teoria da informação* e na *percepção estética* são feitas afirmações sobre o processo do consumo visual de objetos estéticos. Os aspectos principais da observação são portanto a oferta da percepção, o processo da percepção e o

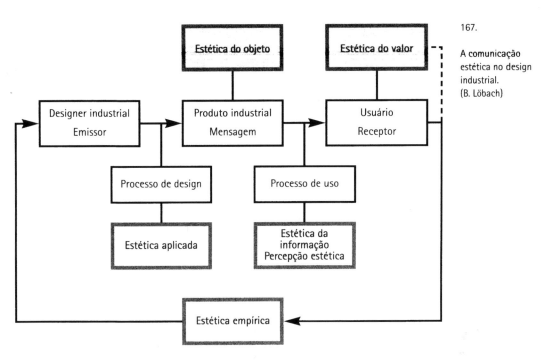

167.

A comunicação estética no design industrial.
(B. Löbach)

comportamento subjetivo da percepção.

A *estética de valor* trata da importância dos objetos estéticos para o usuário, em relação aos conceitos subjetivos de valores, referenciados aos sistemas de normas socioculturais.

A *estética empírica* faz pesquisa das idéias sobre valores estéticos em grupos determinados de pessoas, contribuindo com conhecimentos aplicáveis pelo designer industrial no processo de design de acordo com as preferências do usuário. A aplicação da teoria estética na prática (processo de design, produção artística) é tema da *estética aplicada*.

Comunicação estética 9.1

As inter-relações representadas na Fig. 167 mostram um processo que pode ser denominado de comunicação estética. O designer industrial é, neste caso, o emissor de uma mensagem em forma de um produto industrial. Esta parte da cadeia de comunicação se denomina produção estética ou *processo de design*.

O usuário do produto industrial é o receptor da mensagem estética contida no produto industrial. Esta parte da cadeia de comunicação pode se denominar consumo estético ou *processo de uso*. Mediante investigações empíricas, o designer industrial obtém informações sobre as preferências estéticas dos usuários, que passam a ser fatores determinantes do projeto do produto. Com isto, a cadeia de comunicação se fecha em um circuito regulador da comunicação estética, cujas facetas devem ser observadas mais de perto. Já apresentamos a atividade de designer industrial na determinação das funções estéticas do produto e do processo. Agora examinaremos a estética do objeto.

A estética do objeto 9.2

A estética do objeto deve ser encarada como uma faceta de um processo estético, pelo qual os aspectos realmente estéticos do objeto são pesquisados em relação à possível percepção por parte do observador. O problema central da estética do objeto é, portanto, o reconhecimento e descrição dos pontos perceptíveis dos objetos estéticos. Com isto se torna possível fazer uma descrição ampla e precisa da realidade estética, um requisito necessário para a estética de valor e para uma estética aplicada. Somente quando todas as características estéticas de um produto industrial são conhecidas e enumeradas torna-se possível projetar um produto industrial novo, que atenda aos valores fixados no processo de design pelo designer industrial e que corresponda às necessidades estéticas do usuário.

As características materiais dos produtos são elaboradas pelo designer industrial durante o processo de configurar o produto como mensagem estética. A condição para isto é o conhecimento da estética do objeto. Os aspectos da estética do objeto como a figura, os elementos de configuração, a construção da estrutura podem ser descritos independentemente da percepção do homem e de suas idéias sobre valores. Contudo, seria uma estética empobrecida, com uma visão unidimensional, já que todas as facetas de uma estética do processo, como é apresentado na Fig. 167, se inter-relacionam entre si.

Figura (Gestalt) 9.2.1

O conceito central da estética do objeto é o da forma, onde esta aparece como conceito superior para a aparência global de um objeto estético, como também para um produto industrial. A forma do produto industrial é a soma dos elementos da configuração e das relações recíprocas que se estabelecem entre esses elementos. Quando os elementos da configuração se submetem a uma forma segundo um princípio configurativo, o processo se denomina **configuração**.

A configuração de um produto industrial é influenciada pelo tipo de estrutura configurativa, que provoca um efeito emocional no usuário do produto. Este efeito no observador ou usuário do produto provoca uma reação, que pode se exteriorizar em forma de aceitação, rejeição ou neutralidade perante o produto. Um dos problemas principais do designer industrial é saber de que modo deve atuar sobre o produto para provocar os efeitos desejados nos diversos usuários. De acordo com isto, ele deve organizar os elementos configuracionais segundo um princípio de configuração adequado para alcançar o efeito desejado. Com isto fica claro e evidente quão importante é a aptidão do designer industrial para incorporar conhecimentos de estética do objeto e estética empírica ao processo de design.

Os produtos industriais configurados com uma disposição agradável de seus elementos alavancam as vendas das empresas, porque têm vantagem frente aos produtos de configuração pobre, atraindo a predileção dos interessados sobre tais produtos. Já falamos em outro local sobre o uso de conhecimentos estéticos para fins econômicos e não é preciso retornar ao assunto.

A figura é um valor que a percepção humana antepõe à não-figura. Daí é compreensível que os produtos sejam configurados (adaptando-se às condições de percepção do homem), de forma a serem usados por um tempo maior. De sua configuração depende o fato de um objeto ser aceito ou não. O efeito da configuração é determinado pelo conjunto de seus elementos configuradores. É possível fazer uma variação deste efeito por meio de uma mudança na disposição destes elementos. A identidade de um produto, por exemplo, o conjunto dos elementos que constituem as funções práticas de um televisor, pode ser concebida pelo designer industrial por meio da forma de sua

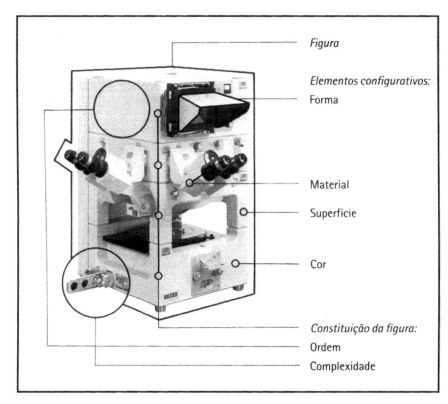

168.
Elementos configurativos de uma figura, representados no microscópio de pesquisa *Axiomat*. Designer: K. Michel. Fabricante: Carl Zeiss, Oberkochen, Alemanha.

caixa ou gabinete. Por um lado, pode expressar a qualidade das funções práticas por meio do acabamento da caixa ou gabinete ("a técnica confirma o que promete a forma" – *slogan* publicitário da empresa Wega/Alemanha). Por outro lado, também pode aparentar, com o uso de uma configuração adequada, uma qualidade prático-funcional, que na realidade não existe. Isso jamais deveria ser feito por um designer que se pauta pela ética na profissão. Assim fica claro que, com o arranjo dos elementos configurativos, pode-se influir na sensibilidade e nas idéias dos usuários.

Elementos configurativos 9.2.2

As características estéticas da configuração de um produto industrial são determinadas pelos elementos configurativos. Estes podem ser classificados em macroelementos e microelementos. Macroelementos são aqueles que são apreendidos conscientemente no processo de percepção, como forma, material, superfície, cor etc. através dos quais é determinada sua configuração, no essencial. Microelementos são aqueles que não aparecem de forma imediata no processo de percepção, mas que também participam da impressão geral da configuração. Em um produto industrial, por exemplo, há pequenos parafusos, juntas de separação das partes ou rebites.

Os elementos configurativos podem ser descritos como portadores da informação estética de um produto. A sua seleção e combinação, pelo designer industrial, definirá a reação que o futuro usuário apresentará frente ao produto. O designer industrial deve fazer experimentações sobre os efeitos que se podem obter com a ajuda dos elementos configurativos, pois somente com base em tais experiências é possível fazer a combinação adequada dos elementos configurativos e alcançar os efeitos desejados. Com isto fica compreensível que um estudante de design industrial não se converta em um designer capacitado, unicamente por absorção de conhecimentos. Ele deve adquirir experiência, fazendo muitos ensaios de configuração, a fim de estudar os efeitos que podem ser alcançados com os elementos configurativos disponíveis. Por meio da ordenação dos elementos configurativos em um produto industrial, tendo em conta os conhecimentos da percepção estética, é possível que tais produtos tornem-se agradáveis aos sentidos humanos durante os processos de uso e percepção respectivamente.

Os elementos configurativos considerados separadamente têm pouca importância. A figura se origina somente quando esses elementos são juntados. Se os mesmos elementos forem juntados de outra forma passam a ter um novo significado. O talento e a experiência do designer industrial são importantes para se produzir uma combinação de elementos considerada atraente ao usuário. São conhecidos muitos elementos configurativos, dos quais abordamos os mais significativos no exemplo da Fig. 168.

Forma 9.2.2.1

O elemento mais importante de uma figura é a forma, da qual podemos distinguir dois tipos: forma espacial e forma plana. Forma espacial é a forma tridimensional de um produto, determinada pela evolução da superfície (côncava-convexa). Essa forma varia ao se girar o produto e produz efeitos distintos ao ser observada de diferentes ângulos.

Forma plana é aquela obtida pela projeção de um produto sobre um plano, e é determinada pelo seu contorno. Essa forma permanece constante mesmo com variação do ponto de observação. Daí se pode concluir que a forma espacial de um produto industrial sempre pode ser interpretada de forma multidimensional, correspondendo às diversas apresentações da configuração ao processo de percepção. Esta ambigüidade pode ser eliminada pela forma plana (utilizada na publicidade de um produto) onde pode se mostrar "a melhor face" do produto. Deste modo, a forma plana como a ilustração bidimensional é o meio preferido no meio publicitário, para transmitir uma impressão desejada sobre a forma espacial do produto aos possíveis interessados.

Material 9.2.2.2

Como já explicamos antes, a configuração de um produto não resulta apenas das propostas estéticas do designer industrial, mas também – fortemente – do uso de materiais e de processos de fabricação econômicos. Um dos critérios principais da produção industrial é o uso econômico dos materiais mais adequados. A fabricação de ventiladores com chapa dobrada é mais econômica que a moldagem de uma carcaça em plástico injetado, que muito provavelmente ofereceria melhores condições de uso. Assim, a escolha de um material mais adequado para um produto e sua fabricação (que, entre outros, também é um problema estético) depende principalmente de considerações econômicas. Por exemplo, se um novo tipo de material precisa ser vendido porque proporciona maiores lucros, passará a ser um fator determinante do produto. O designer industrial, no papel de promotor de vendas do material em questão, se encarregará da tarefa de desenvolver idéias de produtos para o aproveitamento de mesmo. Neste caso, a escolha do material acontece não pelo motivo de se adequar à produção do produto ou seu possível efeito estético, e sim por motivos puramente econômicos. Nisto deve ficar claro que os elementos de configuração nem sempre são escolhidos por critérios estéticos ou em respeito aos usuários. Isto aconteceu, por exemplo, quando a madeira maciça foi substituída pelas placas de compensado e, depois, pelos aglomerados na fabricação de móveis.

Superfície 9.2.2.3

A natureza da superfície dos produtos industriais tem uma grande influência sobre seu efeito visual e, na maioria das vezes, depende da escolha dos materiais. As superfícies dos materiais empregados e suas combinações produzem no usuário do produto importantes associações de idéias, como limpeza, calor, frio, frescor etc. Por meio dos mais diversos materiais e suas características superficiais (brilhante, fosco, polido ou rugoso) e sua forma (côncava, plana, convexa) pode-se alcançar os efeitos desejados. A superfície polida, reluzente, imaculada de muitos produtos industriais lhes confere um ar de limpeza, perfeição e ordem. Estes são, sem dúvida, critérios valorizados em nossa sociedade. A superfície perfeita, sem falhas, dos produtos industriais sugere uma perfeição das suas características de uso, que nem sempre é real. As superfícies perfeitas dos produtos (o automóvel é um bom exemplo disto) podem provocar um cuidado exagerado do usuário, que pode ser denominado de fetichismo das superfícies. Este exemplo mostra como os produtos industriais, através de sua configuração, são capazes de influir profundamente no comportamento humano.

Cor 9.2.2.4

Um elemento essencial da figura é a cor. O tema da cor nos produtos industriais é tão amplo que aqui poderemos mencionar apenas alguns pontos. A cor é especialmente indicada para atingir a psique do usuário do produto. Um dos princípios da aplicação da cor no produto é o uso de cores fortes e intensas. Isto pode ser realizado pelas empresas industriais em certas ocasiões, com o objetivo de provocar a compra, desviando a atenção dos possíveis compradores dos produtos com cores neutras dos concorrentes, para as suas próprias. Os produtos configurados com cores fortes oferecem ao usuário a vantagem de destacar-se no ambiente em que se inserem. Isto pode ser útil para acentuar algo em um ambiente monótono (por exemplo, cores vivas em

Cores em produtos
industriais:

169.
Atualmente, os fabricantes oferecem produtos que devem agradar ao maior número possível de usuários, com uso de diversas cores, sejam elas neutras ou muito vivas.
Barbeadores elétricos Braun Casset
Fabricante: Braun AG, Kronberg/Taunus, Alemanha.

utensílios de jardinagem para que se destaquem no verde predominante do jardim) ou quando a cor intensa for utilizada para alertar sobre um possível perigo (por exemplo, em máquinas de construção de estradas ou em máquinas agrícolas). Particularmente, no ambiente produtivo e no trânsito viário, as cores vivas para sinalizar perigo são amplamente utilizadas nos produtos.

O outro princípio de aplicação da cor em produtos industriais é a utilização de cores passivas ou neutras. Os produtos industriais com aplicação de cores neutras se caracterizam por se deixar passar despercebidos no ambiente. Considerando que o ambiente em que vive um consumidor é composto de produtos de fabricantes diversos, que foram configurados independentemente uns dos outros, parece sensato que nem sempre um produto

170.
O designer industrial pode influir na configuração do produto mediante o uso da cor. Pode produzir a sensação de peso, eliminar a monotonia, destacar características construtivas etc. *Alojamento móvel para obras.* Designer: Jürgen Sohns, 1972.

deva se destacar pelo uso de cores fortes. Um ambiente deste tipo seria cansativo e não seria suportável a longo prazo. Com o desenvolvimento de plásticos de cores estáveis, que os fabricantes de matérias-primas oferecem em uma ampla gama de cores, muitos fabricantes de produtos industriais podem oferecer variações nas cores de um produto, a fim de satisfazer os mais diversos desejos dos usuários, sem que os custos de fabricação aumentem muito. Assim, hoje em dia, os produtos de uso mais freqüente são oferecidos simultaneamente em cores neutras e em diversas cores vivas (Fig. 169). Em diversos setores (por exemplo, na indústria automobilística) há alguns anos, é comum – como na moda – o uso de certas cores durante apenas uma temporada.

O designer industrial pode utilizar combinação de cores neutras e vivas, para fazer uma configuração diferenciada dos produtos. A cor é apropriada especialmente para criar contrastes. Assim, pode-se criar uma estrutura visual usando-se cores diferentes para as distintas partes que constituem um produto (Fig. 170). Grandes e pequenas superfícies coloridas produzem contrastes na configuração, de modo a evitar uma monotonia da forma. O observador pode sentir sensações diferentes, observando as cores. Cores escuras causam uma sensação de peso e fazem ligação com a terra. Por outro lado, os tons claros produzem uma sensação de leveza e flutuação. Com o emprego destes conhecimentos podemos influir nos aspectos de design do produto. Para tal, é preciso saber que efeitos se pretende obter com o uso das cores.

Constituição da figura 9.2.3

A figura de um produto industrial é determinada pelo tipo de elementos configurativos, de seu conjunto, de sua distribuição quantitativa e da sua relação com o todo. Ordem e complexidade são dois fatores importantes da figura do produto. Eles dependem entre si de tal forma, que um exclui o outro. De acordo com isto, um produto industrial dotado de elevada ordem possui uma baixa complexidade, e um produto industrial com alta complexidade tem pouca ordem. Examinaremos estes fatores com mais detalhes, pois esta interdependência influencia as temáticas da estética do objeto e da percepção estética.

Ordem 9.2.3.1

A ordem em um produto industrial é determinada por um pequeno número de elementos configurativos e por uma pequena quantidade de características de ordenação (Figs. 89 e 171). Para a percepção humana, uma ordem elevada significa uma oferta de percepção com baixo conteúdo de informação. Em conseqüência, esse tipo de configuração é rapidamente captada, mas tem uma escassa capacidade de manter a atenção do observador, que se aborrece com a monotonia e pode se desviar para outras coisas. Isto significa, porém, que a ordem dá uma sensação de segurança. Ao captar e compreender rapidamente em todos os seus detalhes, os objetos de ordem elevada liberam a percepção para outros estímulos. Ao contrário, um ambiente altamente complexo, onde a percepção humana recebe uma multiplicidade de informações, dá uma sensação de insegurança, que pode atuar sobre a psique humana. Por esta razão, preferimos os objetos configurados com alto grau de ordem. Por outro lado, objetos complexos desafiam a nossa curiosidade e servem para manter o interesse. Em algum ponto da escala entre os dois extremos, ordem e complexidade, estão situadas as preferências de cada pessoa. O modo como isto influi sobre as preferências individuais será visto em detalhes no tema "percepção estética".

Vários princípios condicionam a ordem no produto industrial. Mukarovsky (6) pergunta se existiriam princípios estéticos resultantes da disposição antropológica do homem. Ele supõe que a satisfação estética surja quando o homem reconhece, no entorno material, princípios que regem o seu próprio corpo. Isto ocorre no caso da relação do sistema horizontal-vertical. O céu e a terra, delimitados pela linha do horizonte, e as linhas verticais das árvores (Fig. 173) sempre foram pontos de orientação para a percepção humana. A parte predominante do entorno elaborado pelo homem, os objetos arquitetônicos e os produtos industriais (Figs. 168, 171), estão sujeitos ao princípio de ordenação no quadro horizontal-vertical. Outros princípios de ordenação são a simetria, a imagem refletida e a uniformidade. A simetria de um produto pode corresponder ao quadro horizontal-vertical, sendo que devemos distinguir entre as simetrias horizontal e vertical. Os produtos simétricos horizontalmente são preferidos aos simétricos verticalmente, devido principalmente à orientação horizontal do campo de percepção humana e do menor esforço perceptivo que resulta dele.

Dos princípios de ordenação apresentados até agora, podemos concluir que todos os objetos que possuem uma ordem elevada, que emitem pouca informação, têm um baixo valor na captação da atenção e são compreendidos rapidamente, com pouco esforço perceptivo. O ritmo, o movimento e o ordenamento que se repetem de forma uniforme imitam o próprio corpo humano (respiração, batidas do coração) e a natureza (ciclo das marés, estações do ano). Nas coisas feitas pelo homem, constituem um princípio de

Características da
configuração de
ordem elevada e pouca
complexidade.

171.
No princípio da década
de 50, a firma Braun,
de Frankfurt, começou
a se destacar de seus
concorrentes por
meio de produtos
configurados de forma
inusitada para a época.
Esses produtos se
apresentavam com
uma aparência visual
de ordem elevada e
baixa complexidade.
Baseados na teoria
estética da Bauhaus,
colocados pela
primeira vez no
mercado pela firma
Braun, estes produtos
de baixa complexidade
são conhecidos como
de "Boa Forma".
Televisor HF1/1958.
Designer:
Herbert Hirche.
Fabricante: Braun AG,
Frankfurt, 1958,
Alemanha.

ordem preferencial muito comum. O ritmo resulta no ordenamento e na disposição em série de elementos de configuração, como aletas de ventilação, hastes, molduras, elementos de manejo, algarismos ou ornamentos. Quanto mais claramente perceptível for o ritmo, quer dizer, quanto menor o esforço perceptivo, tanto maior o grau de ordem, mas também a impressão de monotonia. Se faltar um elemento no ritmo do ordenamento (um meio para chamar a atenção) aumenta a complexidade e, com isto, o esforço perceptivo.

Características da configuração de complexidade elevada e pouca ordem.

172.
Quando os produtos pobres em informação se convertem em norma, devido à pressão dos concorrentes, oferecem-se ao mercado produtos configurados de forma inusitada com a finalidade de se distinguir da concorrência. Isso se dá pela inversão do princípio da configuração predominante: a ordem elevada se transforma em complexidade elevada mediante o emprego de meios estéticos como letras e números, escalas graduadas, elementos de manejo, quadros, molduras etc.
Receptor de rádio Captain 55.
Fabricante: Sony, 1973, Japão.
Texto do catálogo: "Aqui não há nenhuma decoração. Nenhum modismo. Tudo é função. Para este aparelho agradar é apenas uma questão de comprimento de onda".

Complexidade 9.2.3.2

O extremo oposto da ordem na constituição da figura é a complexidade (Fig. 172). A complexidade de um produto industrial é determinada por um elevado número de elementos de configuração e por uma grande quantidade de características de ordenamento. Para a percepção humana, alta complexidade significa uma oferta de percepção com grande conteúdo de informação. Como conseqüência a atenção do observador fica comprometida por mais tempo. A aparência complexa do entorno provoca aquela insegurança no observador que, em parte, pode ser reduzida por meio da observação analítica da estrutura configurativa e o conhecimento de suas relações. O elevado interesse do observador relaciona-se com a complexidade da configuração e, por meio da compreensão visual, ele tende a reduzir a quantidade de informações.

Muitas vezes, a configuração de um produto industrial de grande complexidade é resultado de suas especificações. Nesses casos, pode-se aumentar a ordem com a modificação dessas especificações.

Cada desvio da relação horizontal-vertical (diagonais, formas livres) aumenta a complexidade de um produto, transformando a figura estática em dinâmica e em desequilíbrio. Por exemplo, pode-se assentar o piso de forma diagonal, em uma sala. Resultado semelhante também se alcança pelo princípio da assimetria.

O princípio oposto ao ritmo é o princípio do contraste. Os contrastes na constituição da figura se produzem mediante o emprego simultâneo de formas grandes e pequenas, superfícies lisas e rugosas, cores ativas e passivas etc. Os contrastes são estímulos especiais para nossa percepção, muito adequados para elevar a complexidade da figura e atrair nossa atenção.

A influência da psique humana pelos fatores ordem e complexidade em produtos industriais será estudada mais uma vez por meio da percepção estética.

Percepção estética 9.3

A aparência estética de um produto industrial, projetada por um designer industrial, e reproduzida milhares de vezes pelos meios de produção em massa é a mesma em cada exemplar. Apesar disto, o produto atua de forma distinta em diferentes situações da vida, sobre diferentes observadores/usuários.

Já foi indicado anteriormente que é muito difícil para o designer industrial influir na aparência estética de um produto prático funcional, de tal forma que seja aceito por muitos usuários distintos, que o apreciem e que possam se identificar com o produto durante o uso. Isto parece quase impossível porque cada pessoa percebe seu entorno de forma muito específica. Por isso é necessário que o designer industrial, ao fazer uma configuração de produto orientada ao usuário, aplique os conhecimentos sobre a percepção estética. Para isso, devemos considerar aqui os aspectos essenciais, através dos quais se influi na percepção individual. Esta limitação é necessária, já que o estudo da percepção visual é muito amplo e problemas psicológicos da percepção, constituição e funcionamento do aparelho perceptivo do homem são melhor descritos em outros textos (27 e 28).

Perceber: ver e fazer consciente 9.3.1

O processo da percepção do entorno material, representado na Fig. 177 e como detalhe da Fig. 167, apresenta dois processos parciais. A primeira fase da percepção é o processo da visão. A luz incide sobre os objetos e é refletida por eles, penetra em nossos olhos e produz, na parte posterior do olho (retina), uma imagem projetada. Esta imagem se transforma em sinais elétricos, através de reações químicas nos cones e bastonetes (receptores) alojados na retina, e é enviada ao cérebro. O processo físico de visão ocorre em todos os observadores praticamente da mesma forma. A segunda fase da percepção é o processo de tornar consciente a imagem que se vê. A constituição funcional do olho pode ser estudada empiricamente, desvendando-se o processo de elaboração do conteúdo da percepção no cérebro, em nossa experiência sensitiva. Apesar de existirem ainda muitas perguntas em aberto sobre este tema, há vários aspectos que já são conhecidos e que são de interesse para a percepção estética.

Percepção é um processo pelo qual uma aparência estética se transforma em significado. É um processo subjetivo que, às vezes, é influenciado pela imagem atual da percepção, mas também pela memória de cada pessoa, como experiências anteriores, conceitos de valor e normas socioculturais. O processo de conscientização por parte do receptor e, por conseguinte, a importância do objeto percebido, é influenciado por fatores específicos individuais e de grupos, sobre os quais voltaremos a discutir. As diferenças na percepção de produtos industriais por pessoas distintas se baseiam essencialmente nas diferenças e nas experiências ocorridas até aquele momento com objetos. Além disto, o tipo de percepção depende das necessidades momentâneas do observador. Este é certamente um fato comprovado, que nossa percepção é dirigida por interesses.

173. O princípio de verticalidade das árvores existente na natureza pode ser complementado com um princípio artificial de horizontalidade, com tiras de papel. Resultado de concurso estudantil: "Processos criativos segundo conceitos dos estudantes". Fachhochschule Bielefeld, Semestre de inverno 1974/75.

Percepção dirigida por interesses   9.3.2

A percepção não é meramente um processo no qual as imagens projetadas são transformadas, por associação com o conteúdo da memória em imagens conscientes, mas depende também dos interesses do receptor. No complexo campo da percepção escolhem-se somente aquelas ofertas de percepção que parecem importantes ao observador. As condições do momento, experiências, valores, necessidades, obrigações, todos estes aspectos tomam parte na organização da percepção. Devido a uma escolha consciente de objetos a serem percebidos, podemos falar de uma percepção dirigida por interesses, que é também necessária como proteção ante uma super-saturação de estímulos. O sentido humano tem uma capacidade limitada de assimilação por unidade de tempo. Assim sendo, o receptor se vê obrigado a escolher somente aqueles aspectos essenciais da oferta de estímulos. Estes conhecimentos gerais da percepção visual, referentes à escolha consciente, dirigida por interesses, devem ser considerados na configuração estética dos produtos industriais.

Os elementos que compõem a figura de um produto industrial, permanecem desconhecidos para o observador pouco treinado visualmente, porque ele contempla o produto como uma totalidade. Ele não está interessado nos detalhes e, sim, no produto global e nas suas funções práticas. O hábito de observar produtos como um todo, sem prestar atenção nos seus elementos configuracionais isoladamente, acontece porque o homem, inconscientemente, imagina uma figura *(Gestalt)* a partir dos estímulos sensoriais que recebe. Além disto, a atenção se dirige principalmente em direção àqueles objetos da oferta de estímulos que são importantes para o seu bem-estar psíquico. Já se disse que as funções práticas dos produtos industriais, baseadas na satisfação de necessidades físicas, têm uma importância prioritária e se fazem conscientes pela percepção dirigida por interesses. A dimensão estética muitas vezes permanece inconsciente e manifesta-se como sensações. A vivência da função estética do produto se realiza somente com o treinamento visual ou com o desenvolvimento das necessidades estéticas. Depois, a percepção se transforma em um processo de exploração da estrutura da configuração. Com isso, a constituição da mesma e o conjunto dos elementos configuracionais se torna conscientemente mais sensível. A percepção consciente da função estética do produto é uma expansão dos conhecimentos sensoriais do homem e um enriquecimento da consciência.

Importância da escassez e da abundância de informação 9.3.3

Um aspecto essencial da percepção estética é uma oferta suficiente de informação no campo da percepção. Já mencionamos que o produto industrial pode ser considerado como uma notícia que se compõe de informações e redundâncias. Informação é a parte da notícia nova para o receptor, redundância é a parte da notícia já conhecida ou não essencial, ainda que não seja supérflua. Para que um produto industrial possua um certo valor na captação de atenção, deve oferecer uma superoferta de informação (elementos novos). Isto é factível através da complexidade agregada à aparência estética. O observador/usuário tem então a possibilidade de escolha e reduz o processo de percepção à informação. Um produto industrial deve manter o interesse durante o maior tempo possível como objeto de percepção estética. Isso se torna possível com objetos de certa complexidade, onde o observador deve escolher as informações

174.
Mostrador de relógio de pulso com elevada ordem.
Fabricante: Obrey (França).

175.
Mostrador de relógio de pulso com elevada complexidade.
Fabricante: Lanco (Suíça).

a serem percebidas. A estrutura da configuração pode desafiar o usuário a reconhecer constantemente novas relações de ordem, mantendo o interesse sobre o produto.

Uma tese de Manfred Kiemle (28) afirma que grande parte da arquitetura moderna é demasiado pobre em informação para um processo de percepção estética, em comparação com as construções góticas do passado. Isto também se aplica, de certo modo, aos produtos industriais. Um produto industrial é avaliado, a maioria das vezes, inconscientemente, pelos critérios necessários a um processo de percepção estética. Um desses critérios é uma figura *(Gestalt)* interessante para o observador e com alto conteúdo de informação. Se um produto industrial for demasiado pobre em informação, ele perde sua capacidade de manter a atenção durante muito tempo, durante o processo de percepção estética. O usuário não tem então a oportunidade de "desvendá-lo" psiquicamente. Quanto mais níveis de observação um produto industrial oferecer à percepção do homem, mais duradoura será a sua capacidade de reter a atenção do usuário por meio desta qualidade estética.

Cabe aqui perguntar por que isto é tão importante, já que, apesar de tudo, a consciência se libera para captar outros conteúdos visuais. Somente quando um produto for capaz de prender a atenção do usuário durante um certo tempo, torna-se possível a posse psíquica deste produto, sobrepujando o seu uso prático. Diversos estudos têm demonstrado que os aspectos correspondentes à emoção, reprimidos pela teoria da Bauhaus, são de suma importância para o equilíbrio psíquico dos homens.

176.
a) Garfo com ordem elevada; b) garfo com *elevada* complexidade devido aos desvios do referencial horizontal/vertical.

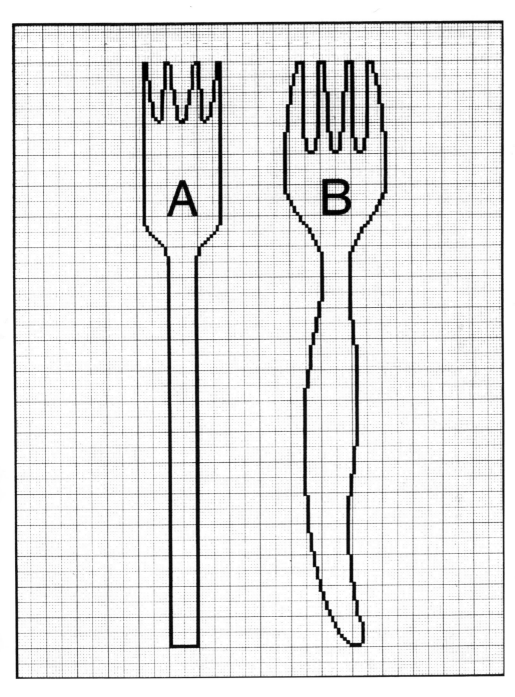

p.175

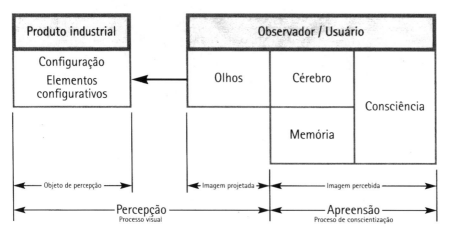

177.
O processo de percepção.
(B. Löbach)

Heide Berndt (15), em estudos feitos sobre a satisfação pela moradia dos habitantes de bairros periféricos norte-americanos, comenta que se estabeleceu uma união emocional muito forte com o entorno (com as coisas que os rodeavam). A mudança de casas habitadas há muitos anos, normalmente com arredores complexos, para edifícios altos e modernos, com menor quantidade de informações estéticas e poucas possibilidades de se estabelecer relações sentimentais com este novo entorno, produziu em muitos habitantes transtornos psíquicos consideráveis. A percepção estética do entorno e seu efeito sobre a mente humana têm sido pouco estudados até agora. Com base nestes princípios nos permitimos supor que é de especial importância para a psique humana a configuração de entorno objetual cotidiano. Os produtos industriais, reproduzidos milhares de vezes, têm aí uma participação particularmente grande.

Ao contemplar os produtos da Bauhaus, reduzidos a formas geométricas simples, devido à simplificação prático-funcional, chega-se à conclusão de que estes produtos ofereciam uma quantidade insignificante de informação estética. Na época, tais produtos possuíam um valor surpreendente no contexto dos demais produtos industriais graças à sua aparência estética pouco comum. Devido à grande difusão das idéias da Bauhaus na configuração de produtos industriais, especialmente depois de 1945, os produtos pobres em informação se converteram em norma. Com a progressiva implantação desta norma estética, que vinha ao encontro de uma produção econômica e de uma política de produto orientada para o lucro, fez-se notar a insuficiente oferta de informação dos produtos industriais. Os produtos puritano-racionalistas são considerados por muitos usuários como impessoais, anônimos e frios. Não raro se constata que os usuários desses produtos pobres em informação introduzem, eles mesmos, algumas interferências como decalques, adesivos, pinturas em *spray* etc. Isso acontece também em conjuntos habitacionais com casas padronizadas. Com o tempo, cada morador modifica a sua fachada, colocando um "toque pessoal" de individualidade. Mediante o incremento na complexidade dos produtos se alcança uma originalidade que adapta o produto às idéias e emoções individuais.

Aspectos intelectuais e emocionais da percepção 9.3.4

No item 9.3.1 vimos que o conteúdo da percepção se converte em uma unidade de consciência, algumas vezes através da própria imagem projetada e outras através do conteúdo da memória e da consciência. Este processo se baseia na capacidade intelectual do homem. Deste modo, também se explicou que os aspectos estéticos da oferta da percepção permanecem inconscientes e são vividos emocionalmente. Mesmo quando um observador visualmente experimentado reduz o conteúdo da informação do objeto da percepção à necessidade da percepção consciente, sobra um resto, que é percebido emocionalmente. O reconhecimento humano do entorno objetual é influenciado pelo **intelecto** e pelo **sentimento**. Todos os homens desenvolveram os dois fatores mais ou menos intensamente. Em alguns casos predomina o intelecto, em outros o sentimento. O observador de produtos industriais dotado de capacidade intelectual, tende a alcançar a compreensão tão rapidamente quanto possível no processo de percepção, e a reduzir outro tanto o conteúdo em informação da aparência estética. O intelecto desenvolve uma preferência pela ordem e a clareza, pois assim o esforço perceptivo permanece menor. Deste modo, se compreende porque os produtos da firma Braun dos anos 50, que se distinguiram, como os produtos da Bauhaus, por sua pobreza de informação (Fig. 171), foram preferidos principalmente por uma "classe intelectual superior".

Em oposição ao intelecto se encontra o sentimento, que quer se embriagar e inundar com uma abundância de informação. Isto explica a preferência das pessoas mais sensíveis pela elevada complexidade do entorno objetual e a inclinação para os valores emocionais. Com a progressiva racionalização em todos os âmbitos vitais de nosso tempo, se compreende a maior importância que se dá às facetas intelectuais das atitudes do homem. Há um descuido cada vez maior da percepção sentimental do entorno material e desenvolvimento da capacidade emocional. Alguns psicanalistas atribuem o freqüente desequilíbrio psíquico de muitos de nossos contemporâneos à atrofia da capacidade emocional. Uma parte não muito pequena da causa deste atrofiamento recai sobre um entorno material pobremente dotado de informação emocional, por motivos econômicos.

À uniformidade e à pobreza da informação dos modernos produtos industriais, alguns críticos da configuração prático-funcional de produtos industriais opõem a busca da individualidade (29). A busca da individualidade conduz à busca de originalidade na aparência visual dos produtos. Algumas empresas industriais já atentaram para isso e estão dotando seus produtos com funções estéticas de maior complexidade (Fig. 172). (Com a competitividade que se implantou no final dos anos 90, esta orientação torna-se cada vez mais freqüente na indústria de bens de consumo duráveis. NT). A pressão por valores emocionais, de aumento da informação, de originalidade dos produtos, provocou a ampliação da microestrutura dos produtos. Mediante a configuração consciente com aletas de ventilação, revestimento de alto-falantes, a configuração gráfica reforçada de elementos indicadores de leitura e de comunicação, se vence hoje, em parte, a pobreza informativa da configuração prático-funcional e se torna possível, até certos limites, satisfazer às necessidades emocionais do usuário. A macroestrutura dos produtos entretanto permanece imutável (caixas retangulares) na maioria dos casos, pois modificações neste aspecto provocam custos elevados no processo de fabricação.

A redução da informação do produto por meio de uma ordem elevada atende à orientação econômica do fabricante. Ao contrário, um incremento da complexidade na aparência estética tende a respeitar os desejos do comprador. Vivemos em uma época em que a maioria dos produtos de uso é tão madura tecnicamente, que o êxito no mercado depende em grande parte

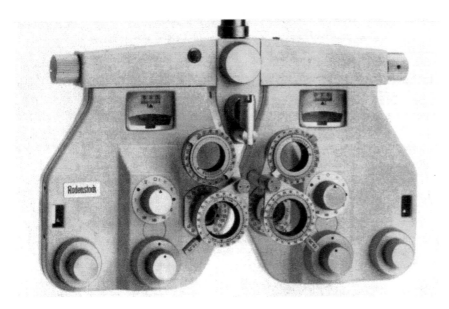

178.
Este produto, graças à configuração rica em oferta de informações da sua microestrutura, pode sustentar por longo tempo um processo de percepção.
Foroptero – Instrumento para o exame de visão.
Fabricante: Rodenstock Instrumente GmbH, Munique (Alemanha).
Designer: Willy Herold.

dos produtos que agradem ao usuário. A aceitação ou a recusa de um produto dependem principalmente do tipo de configuração. Assim, os conhecimentos de valor estético e da estética empírica têm cada vez mais importância para o design industrial.

Valor estético   9.4

"Este carro eu acho bonito, ele me agrada, muito mais do que aquela caixa feia." Esta expressão verbal contém juízos estéticos que se baseiam nas idéias sobre o valor da pessoa que a pronunciou. Estes e outros juízos estéticos semelhantes são formulados com freqüência na vida diária e surge a pergunta se elas se apoiariam sobre bases emocionais ou sobre bases racionais segundo critérios de valor. Este é um dos muitos problemas estéticos que se apresentam no julgamento de produtos industriais e correspondem ao âmbito do valor estético.

No passado, os problemas de valor eram estudados na área das humanidades. Estas têm por objeto a ordem da vida no Estado, a sociedade, o direito, a moral, a educação, a economia, a técnica e a interpretação do mundo através do idioma, mitos, arte, religião, filosofia e ciência (30). Na teoria do valor, como conclusão de todos os conhecimentos e especulações sobre valores, existem aqueles que são aplicáveis a todos estes campos e aqueles que só são válidos em âmbitos restritos. Com base na extensa problemática da teoria do valor, nos limitaremos aos problemas de valor que se apresentam no campo da estética. Existem, portanto, três aspectos de especial importância na relação entre estética do valor e o design industrial:

- Valores estéticos;
- Constituição de valores estéticos para normas estéticas;
- Valoração estética por pessoas e grupos no meio de um quadro sociocultural.

Valores estéticos 9.4.1

Os produtos industriais, assim como todas as demais manifestações materiais de nosso entorno, podem ser contemplados como portadores de valores estéticos. É importante mencionar que o produto industrial atua como portador de valores. Entretanto, o valor, como categoria, existe fora do portador de valor, na consciência individual ou coletiva dos homens, e todos os produtos estão marcados com estes valores. A condição para a formação do conceito de valor é a aparência estética dos produtos.

Isto se concretiza, antes de tudo, como já dissemos, por meio da função estética. A função estética dos produtos industriais tem importância primordial para a formação do valor estético, que é determinado também pelas demais funções do produto. Contudo, pode-se afirmar que a função estética dos produtos industriais é a força que cria o valor estético. O valor estético é, pois, a medida do prazer estético proporcionado pela aparência visual do produto industrial no observador/usuário.

Não há, por conseguinte, valores estéticos em absoluto, independentes de pessoas e suas atitudes individuais. As pessoas e os grupos de pessoas se distinguem entre si na estrutura de sua consciência e, como todas as aparências da sociedade, através dela, no tipo de percepção de seu entorno material. Estes fatores influenciam os valores estéticos, sempre através de uma atitude individual ou específica do grupo. O valor estético depende das aparências sociais, e, está sujeito a mudanças constantes e é específico de cada estrato social. Não há valores estéticos

179.
Devido à aplicação de um princípio de configuração ao longo de anos, o design da Braun tornou-se norma estética para a moderna configuração de produtos industriais. *Seleção de produtos dos últimos anos do programa de produção da Braun.*

obrigatórios para todos os homens, como no dito popular: "Gosto não se discute". Eles são influenciados pelos diversos fatores da vida social, como já abordamos no item 6 (valor estético do Mercedes Benz – valor estético do Citroën 2CV., Figs. 94 e 95).

A forma e a maneira como os grupos sociais se comportam diante das características estéticas dos produtos industriais determinam a configuração concreta dos produtos e seus efeitos estéticos. Por outro lado, ela também é influenciada pela relação individual ou normativa do observador/usuário com o produto. Como foi exposto no item 7.3, os valores estéticos são dinâmicos, ou seja, variáveis e mutáveis com o tempo. O produto industrial hoje considerado belo pelo usuário (esteticamente valioso) talvez não o seja amanhã, por terem sido estabelecidos novos valores estéticos por um produto novo, que servirá de referência. Os padrões sofrem variações no tempo e nos diversos âmbitos do entorno social, modificando também os valores estéticos. Assim, é nessa variabilidade dos valores estéticos que se assenta a organização de nossa sociedade.

Algumas instituições e eventos, como escolas de design, centros de design, revistas de design, prêmios de design, críticos de arte, novelas de televisão etc. exercem influência sobre os conceitos de valor estético nos usuários, mediante a manifestação de atitudes que valorizam certos tipos de configurações dos produtos industriais. Essas instituições e eventos têm uma considerável participação na difusão de valores estéticos e, ao mesmo tempo, são partícipes na criação de normas estéticas.

Em uma sociedade existem sempre várias categorias de valores estéticos que acabam influenciando as configurações estéticas dos produtos industriais. As categorias de valor estético estão intrinsecamente ligadas às categorias sociais dos homens. No item 6.1.1 já se falou detalhadamente que todo homem, como membro de uma sociedade, possui um *status* social e ocupa uma posição em uma escala de valores, cujos pontos extremos se denominam superior e inferior. Cada um destes estratos sociais possui seus próprios valores estéticos (Figs. 94 e 95) que se entrecruzam e se superpõem. Um valor que tem origem em um determinado estrato social, pode ser desejado por membros de outros estratos. Desta forma, contribui para a dinâmica das classes sociais, já que o processo de criação e transformação de valores estéticos ocorre de forma dinâmica e constante.

Nosso sistema de valores estéticos é, pois, um sistema de valores dinâmico, que sofre constantes variações. As causas dessas variações são múltiplas e por isso só poderemos citar aqui as mais importantes. De um lado, as variações de todos os tipos se baseiam na busca do homem pelo novo, devido à sua curiosidade. Por outro, existem hoje pressões econômicas que criam também continuamente novos valores estéticos como forma de dinamizar a economia. Esta é uma das principais razões por que, hoje, em comparação com tempos anteriores, os valores que vão surgindo raramente permanecem estáveis por muito tempo.

Quando ocorre concentração da atenção de um grande número de interessados sobre um determinado produto industrial pode-se supor que se trata de um valor estético generalizado, já que não corresponde unicamente a uma demanda individual de valor, mas que é aceito por muitos membros de uma sociedade. Com essa aceitação generalizada, um valor estético se converte em norma estética.

Normas estéticas 9.4.2

Normas estéticas são valores estéticos aceitos por uma maioria preponderante de uma sociedade. Quando um observador julga um produto industrial, consciente ou emocionalmente, submete a sua opinião pessoal a uma regra geral que se aceita como válida. Neste contexto surge a pergunta de quem, além das instituições já citadas, participa na criação de normas estéticas no design industrial. As normas estéticas para a configuração de produtos são determinadas pelas empresas e suas políticas de produção, pelo designer industrial, na sua atividade projetiva, e, naturalmente pelo usuário, pela sua atitude de compra, e o tipo de uso que faz do produto.

As preferências estéticas dos usuários são fatores imprescindíveis para a configuração dos produtos. Hoje também exercem grande influência a fabricação econômica dos produtos e o emprego econômico de determinados materiais. A constante exposição da aparência estética dos produtos configurados com essas influências pode originar, no usuário, um juízo crítico positivo, que acaba se convertendo em normas aceitas por certos grupos sociais. A política de produtos da firma Braun, grande fabricante alemão de eletrodomésticos, é um exemplo disto. Mediante o emprego continuado de um princípio de configuração, acabaram criando normas estéticas de longa validade para o design industrial (Fig. 179).

O designer industrial, como profissional treinado na produção estética, tem a opção de utilizar normas estéticas existentes ou de implantar novas normas. Isto naturalmente depende do campo ou âmbito de sua atividade. Sempre existem alguns designers de vanguarda, que são conhecidos por derrubar normas estéticas vigentes e sinalizar novos caminhos (Figs. 180 e 181). Estes novos valores estéticos normalmente só são aceitos por um pequeno círculo de entendidos e sua fabricação é muitas vezes tão custosa que se constitui em um segundo motivo para sua pouca difusão. A maioria dos designers industriais consegue romper as normas estéticas de configuração vigente somente em proporções muito limitadas. Para se transformar em nova norma, um produto inovador precisa ser um fenômeno de vendas, sendo aceito por um grande número de compradores. Geralmente, os consumidores só aceitam os produtos que concordem com seus próprios princípios de valor. Os produtos de aparência estética inovadora, estabelecendo novas escalas de valores, quase sempre são recebidos com ceticismo pela maioria.

180

Em uma época de mercados quase saturados, os compradores de produtos industriais exercem uma influência bastante forte na criação de valores estéticos na configuração dos produtos. Muitas vezes, os portadores e difusores de novos valores estéticos são os jovens, que se opõem a gerações anteriores, manifestando uma predileção por aparências estéticas que rompem radicalmente com as normas estabelecidas. Exemplo disto é a estética dos jeans e dos tênis ou a indumentária dos participantes dos movimentos hippies, que desenvolveu uma nova preferência pelas flores e motivos florais de grande formato pintados e produzidos por eles mesmos, já que eles não queriam se identificar com os valores estéticos da geração anterior. Isto influenciou uma ampla parcela da produção industrial e constitui um exemplo de quão

180 + 181.
Projeto de designers de vanguarda muitas vezes destinados a contestar normas estéticas existentes e sinalizar novos caminhos para a configuração de produtos.
Situação de moradia "Visiona II".
Cliente: Farbenfabriken Bayer AG, Leverkusen, Alemanha.
Designer: Verner Panton.

181

rapidamente a indústria pode aproveitar e comercializar as novas preferências estéticas que surgem na sociedade. Mesmo quando, como neste caso, houver uma filosofia que questiona o consumismo e as suas mazelas do mundo atual. A transformação das normas estéticas ocorre onde isto é mais sensível, onde a ruptura é necessária para se produzir maior efeito. Esse fenômeno afeta, em primeiro lugar, os produtos de uso individual. Esse tipo de produto deve sofrer freqüentes mudanças de aparência estética para se diferenciar dos competidores e atrair a atenção dos consumidores. Tais produtos são chamados também de produtos da moda, e são projetados intencionalmente para apenas uma temporada, sendo que o plano de produção já estabelece sua substituição em pouco tempo por novos produtos.

Múltiplas normas estéticas podem coexistir juntas em diversos âmbitos da vida e se influenciam mutuamente (o design industrial é influenciado pela arte, a moda, design gráfico e vice-versa). Certas normas que se fixaram em algum âmbito de vida podem subsistir por muito tempo e influenciar outros âmbitos. Novos valores estéticos surgem em paralelo e são aceitos por camadas amplas da população, transformando-se em normas. Desta forma, se estabelecem normas em uma sociedade para as diversas manifestações estéticas, que se afirmam umas contra as outras. Abranger valores estéticos e normas de grupos específicos estabelecendo os métodos correspondentes de pesquisa, é um problema da estética empírica.

Importância da estética empírica para o design industrial   9.5

A "estética do design industrial" faz parte do processo da comunicação estética abrangendo o estudo da relação produto-usuário, *i.e.,* a aparência dos produtos industriais (estética do objeto), sua percepção (percepção estética) e a importância dos produtos para o observador/usuário (estética do valor).

Por conseguinte, para a produção estética orientada para o usuário, deve-se conhecer as preferências estéticas dos futuros usuários dos produtos. Daí surge a importância da estética empírica para o design industrial, pois seu objetivo principal se concentra em averiguar a valoração estética que os usuários farão dos objetos. Os resultados deste estudo podem ser utilizados durante o projeto como valores prescritos, sendo um dos fatores determinantes na configuração do produto.

Já explicamos, em outro capítulo, que os produtos fabricados nos países altamente industrializados alcançaram, hoje em dia, um nível técnico relativamente elevado. Isto significa que as funções práticas desses produtos podem ser suficientes para cobrir todas as necessidades físicas do usuário. Também se estabeleceu que os diversos fabricantes são compelidos a melhorar a aparência estética dos seus produtos a fim de obter uma posição confortável frente aos seus competidores. O incentivo à compra é conseguido, em parte, pelo emprego de meios estéticos, aumentando-se o valor dos produtos, para a satisfação das necessidades psíquicas dos consumidores. Ao refletir sobre estas relações, compreende-se que os conhecimentos sobre a estética do valor e os resultados da estética empírica correspondendo aos conceitos de valor estético do usuário, são importantes para a empresa industrial, para configurar os seus produtos.

Provavelmente o designer industrial gostaria de contar com um elenco de valores estéticos absolutos, válidos para todos os usuários, a fim de aplicá-los em todos os produtos industriais. Entretanto, como já foi explicado, os usuários desenvolvem seus próprios conceitos estéticos de valor, elaborados através de vivências e experiências do passado, que o designer industrial não pode simplesmente ignorar. Por causa disto, tampouco ele pode pôr em prática exclusivamente suas idéias pessoais para fazer a configuração estética. Para que o usuário aceite seus produtos, o designer industrial deve subordinar suas próprias preferências estéticas àquelas dos consumidores.

Todavia, na prática atual do design industrial, constata-se que os designers têm pouco contato com os futuros usuários dos produtos. Raramente recebem informações sobre as características estéticas de um produto que seriam classificados como "bonito" ou "feio", nem sobre os aspectos estéticos que deveriam incluir no produto. Além disto, só em raras ocasiões os designers industriais têm oportunidade de efetuar pesquisas sobre as preferências estéticas dos futuros usuários. Quando a direção de uma empresa realiza o *briefing* do produto, na maioria das vezes, não dá nenhuma indicação sobre as características a serem incluídas na aparência estética. Unicamente se fixam os fatores determinantes do produto, os materiais, o processo de fabricação e as funções práticas.

As empresas industriais dependem cada vez mais, na configuração dos produtos, dos conceitos sobre o valor estético dos usuários, para ter êxito de vendas. Assim, muitas empresas já fazem pesquisas de mercado orientadas ao consumidor (pesquisa do consumidor). Para isso, podem utilizar os métodos da estética empírica como os de Jochen Gros (1972) (31), para averiguar a freqüência e a clara expressão das preferências estéticas subjetivas de grupos de teste. Para obter opiniões objetivas dos futuros usuários, usa-se uma amostra representativa de pessoas do universo a ser estudado, apresentando-lhes um certo número de protótipos dos produtos a serem apreciados. Para o desenvolvimento destes protótipos, o designer industrial se baseia em valores experimentais de referência, fornecidos pelos vendedores e pela análise de produtos anteriores. Estas pesquisas empíricas com protótipos (também

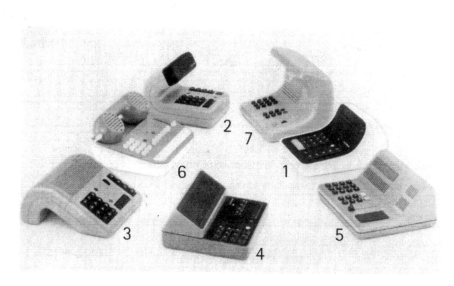

182.
Para se pesquisar como diversas configurações de um produto são recebidas por futuros usuários, são apresentados protótipos a um grupo de pessoas que opinam sobre eles. Estes modelos foram apresentados aos visitantes da feira de Hannover de 1973, onde foram pesquisados estatisticamente. O de número 1 foi o que obteve melhor aceitação.
Modelos de interfones para escritórios.
Design: Olympia Werke, Wilhemshaven (Alemanha).

183.
A maioria dos designers industriais deve considerar em seus projetos as preferências estéticas dos futuros usuários; por isso só em um limitado circulo podem ser desenvolvidas idéias fora do comum. Os produtos têm de agradar o máximo possível a muitos compradores com a finalidade de garantir as vendas.
WK 462 – Mobiliário para sala de estar.
Fabricante: WK Möebel, Alemanha.

denominadas *clínicas*, NT), proporcionam a oportunidade de ouvir as diversas opiniões dos usuários antes de se investir na produção em série. Mediante a compilação estatística dos resultados da pesquisa, pode-se estabelecer a freqüência de determinadas avaliações e, partindo de muitas opiniões subjetivas, formular recomendações válidas sobre as tendências e gostos dos usuários. Da mesma forma que o gosto estético do próprio designer industrial não pode, por si só, constituir a base para a configuração de produtos, tampouco os resultados de pesquisas empíricas sobre estética de valor podem ser determinantes exclusivos dos projetos. Neste caso haveria uma tendência conservadora, reproduzindo-se perpetuamente as mesmas normas estéticas e isso impediria o surgimento de novos valores estéticos.

Através da estética empírica, o designer industrial tem conhecimento daqueles valores esperados pela maioria do grupo de usuários. O designer industrial, partindo dessas informações e de sua experiência na produção estética, põe adicionalmente em prática seus próprios conceitos sobre valor estético. Dependendo do grau de inovação desses conceitos, o usuário pode recebê-los com ceticismo no início, para aceitá-los como novos valores estéticos após um certo tempo.

Campos de atividade do designer industrial 10

No início deste texto se definiu o design industrial como a disciplina da configuração do ambiente material. Com isto se justificou a atividade do designer industrial como projetista de produtos industriais dentro da empresa industrial. Entretanto, a empresa industrial não é a única possibilidade de trabalho para o designer industrial. Agora vamos considerar os possíveis campos de atividade do designer.

Campos de atividade dependentes de empresas industriais 10.1

O designer industrial, como empregado de empresas industriais, depende dos objetivos econômicos fixados pela direção da mesma. Antigamente, o trabalho do "colaborador artístico" estava subordinado aos interesses econômicos privados do empregador. Até hoje isto não mudou. Por isto é preciso aqui apresentar os campos de atividade segundo duas categorias.

No item 10.1 mostraremos aqueles campos de atividade nos quais o designer industrial, ao projetar produtos industriais, deve ter em conta prioritariamente os interesses da empresa. No item 10.2 descreveremos os campos de atividade nos quais o designer industrial procura atender principalmente as necessidades e os interesses dos usuários dos produtos industriais.

O diretor de design 10.1.1

Como já foi mencionado, nas grandes empresas industriais, a direção dá grande importância à configuração de produtos, como instrumento para melhorar sua qualidade total e incrementar suas vendas. Em muitos casos, tais empresas mantêm um departamento de design próprio que, dependendo dos projetos a realizar, empregam de 5 a 20 designers industriais. Algumas grandes empresas na Alemanha possuem até 40 profissionais da área. Como pode ser observado nos exemplos dos itens 7.5 e 7.8, na maioria dos casos, estes setores de design são classificados como departamentos principais na estrutura da empresa e respondem diretamente à direção geral da empresa. O líder deste departamento geralmente é chamado de diretor de design, *design manager* ou gestor de design. Na maioria dos casos esses diretores de design são designers industriais ou engenheiros que, após uma prática profissional de muitos anos e capacidade de liderança, são alçados a esta posição.

O diretor de design costuma ter dois tipos de responsabilidades. De um lado, ele é responsável perante a direção, pela política geral de design da empresa e, por outro, deve coordenar todos os projetos de design que chegam ao seu departamento. Sendo o interlocutor direto com a direção, nas conversações sobre planejamento e desenvolvimento de produtos, ele pode ter grande influência no programa de produção da empresa. Como diretor de design consciente e responsável, não deveria contemplar a configuração de produtos simplesmente sob o prisma do êxito comercial. O diretor de design tem a oportunidade de representar os interesses dos futuros usuários dos produtos nas reuniões de decisão com a direção da empresa e os representantes de outros departamentos, como produção, finanças, vendas, publicidade e marketing.

Nos grandes departamentos de design, o diretor de design tem a tarefa de comentar e decidir, junto com os diversos chefes de outros setores, sobre os projetos de design que lhe são encaminhados. Ele deve realizar reuniões periódicas com os colaboradores de seu departamento para conferir se as diretrizes de configuração estão sendo seguidas, a fim de manter uma imagem da empresa.

Um diretor de design deve ter conhecimentos e aptidões específicas de design, como também tem de dominar a problemática das disciplinas que integram o planejamento e desenvolvimento dos produtos e ter uma visão abrangente da estratégia da empresa e suas relações econômico-industriais. Para o papel de representante dos interesses dos usuários são importantes os conhecimentos no âmbito científico da psicologia social.

O designer industrial 10.1.2

No escopo deste trabalho já tratamos da atividade do designer industrial na empresa industrial. Resumiremos aqui as suas principais atribuições, a fim de apresentar o campo de atuação do mesmo em sua totalidade.

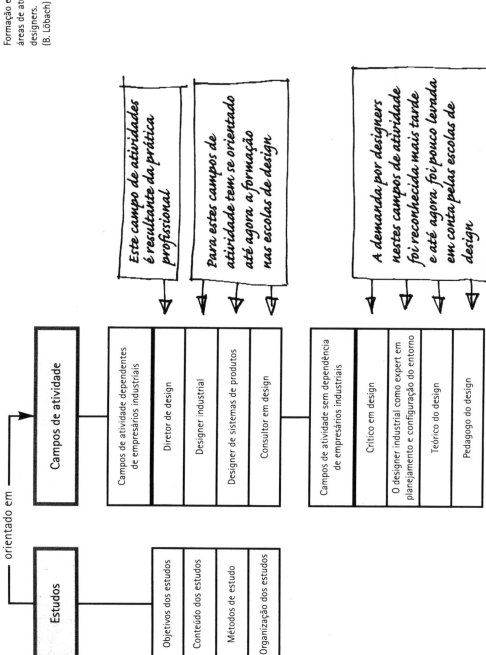

184.
Formação e principais áreas de atuação dos designers.
(B. Löbach)

O designer industrial geralmente trabalha em equipe com outros profissionais, dentro da empresa. Como configurador, ele não tem influência em decisões fundamentais. O tipo e a amplitude da atividade do designer industrial dependem da organização do departamento de design e de como este se integra na empresa, além do ramo de negócios da mesma e do tipo de produtos fabricados.

Se o designer industrial atua junto a equipes de pesquisa e desenvolvimento, ele exerce a função de um consultor, que apresenta suas idéias como possíveis soluções dos problemas. Neste caso, são muito escassas as possibilidades de realização imediata, já que muitas vezes trata-se de projetos com caráter avançado e exploratório.

Se o designer industrial estiver inserido no âmbito do marketing, ele assume muito rapidamente o papel de incentivador de vendas, aplicando os meios estéticos para tornar os produtos mais vendáveis. Esta tarefa se apresenta nas áreas de produto nas quais as funções práticas estão perfeitamente maduras e as empresas precisam se diferenciar perante seus concorrentes pelo tipo de configuração, para ter sucesso no mercado. Para este tipo de designers foi cunhada a denominação de "esteticista de produtos".

Quando o designer industrial (especialmente em empresas menores) colabora no planejamento de produtos, ele assume o papel de produtor de idéias. Orientado pelos resultados das pesquisas de mercado, deve encontrar o maior número possível de soluções originais e transformá-las em produtos que tenham êxito no mercado.

A maioria dos designers industriais que prestam seus serviços em empresas industriais, em colaboração direta com os projetistas, ocupam-se do desenvolvimento continuado dos produtos existentes, nos quais devem considerar os aspectos técnicos e econômicos preestabelecidos. Com freqüência, trata-se de melhorar alguns detalhes como elementos de manejo, mostradores etc. Nas empresas maiores, estas tarefas são realizadas por designers industriais especializados, chamados de "designers detalhistas".

Para exercer a atividade de designer industrial é necessário fazer um curso superior de desenho industrial estudando matérias sobre a história do design, metodologia de projeto, configuração estético-formal, ergonomia, assim como as demais disciplinas técnicas e técnico-econômicas básicas.

O designer de sistemas de produtos 10.1.3

As empresas com um vasto programa de produção oferecem um campo de atividade para o designer de sistemas de produtos, especialmente no desenvolvimento de produtos técnicos. O designer sai então do limitado quadro de formulações isoladas de problemas e concebe sistemas de produtos, abrangendo um conjunto integrado de produtos. Deve possuir a capacidade de examinar problemas complexos e de coordenar os muitos fatores isolados, a fim de obter uma solução ótima de conjunto. Para isto, são de especial ajuda os conhecimentos nos campos da teoria dos sistemas e do planejamento estratégico de produtos. O projeto e a configuração das unidades de produtos como parte do sistema e a solução dos detalhes são freqüentemente desenvolvidos por projetistas ou designers. Só é possível praticar esta divisão de tarefas em grandes empresas. Normalmente se espera que o designer industrial possua também a capacidade de conceber e desenvolver sistemas de produtos.

O consultor em design 10.1.4

Nas empresas industriais onde as tarefas de configuração não são contínuas, porque fabricam apenas alguns poucos produtos distintos, estão sujeitos a pouca variação formal, ou porque seu aspecto é determinado pela sua construção técnica, é comum se trabalhar com um profissional externo ou consultor em design. Ele tem, em conseqüência de sua não-vinculação com a empresa, uma notável independência. Contudo, da mesma maneira que o designer industrial interno, ele depende das tarefas que lhe são atribuidas pela empresa. Como o consultor em design trabalha para várias empresas de diversos ramos, ele possui uma melhor visão de conjunto da realidade do mercado e, ao assessorar uma empresa, pode recorrer a experiências obtidas em outros ramos de negócios.

Os consultores em design exercem a mesma atividade que os designers industriais e os designers de sistemas de produtos. Suas atividades e propostas recebem porém maior atenção da direção superior da empresa que "os profetas da casa". Uma vantagem do consultor em design é, naturalmente, sua imunidade à "cegueira unilateral" da empresa e assim ele pode atuar em vários departamentos dela e assessorá-los sem idéias preconcebidas.

Normalmente, a direção superior deposita muita confiança e grandes esperanças no consultor em design e põe à sua disposição todas as informações necessárias. Contudo, ele pode encontrar certa resistência e desconfiança nos escalões intermediários da empresa, pois é visto como competidor não desejado. O bom contato com o pessoal interno da empresa é tão importante quanto o conhecimento dos processos de fabricação e dos materiais utilizados pela empresa.

Muitas empresas industriais contratam consultores em design mesmo tendo profissionais próprios ou um departamento de design interno. Neste caso, sua missão é dar suporte aos designers industriais da empresa, podendo também cumprir uma atividade pedagógica ante a direção superior proporcionando uma reciclagem técnica e gerencial aos profissionais da empresa. A atuação do consultor em design depende da conjuntura econômica. As empresas estão mais dispostas a contratar um consultor em design em épocas de conjuntura favorável do que em épocas de depressão. Neste caso, o consultor em design tem maiores dificuldades de renovar contratos de consultoria, já que muitas empresas tomam medidas de economia e a configuração de produtos passa a ser feita somente pela equipe interna. Na Alemanha há um grande número de escritórios de design com 2 a 5 profissionais e consultores independentes atuando em empresas pequenas, para as quais não seria rentável manter um departamento de design próprio.

Campos de atividade sem dependência de empresas industriais 10.2

O designer industrial pode representar os interesses dos usuários no desenvolvimento de produtos industriais somente dentro dos limites fixados pela empresa contratante. Como conseqüência da constante expansão da produção industrial, há algum tempo vêm surgindo, em vários setores produtivos, quantidades incomensuráveis de produtos semelhantes, produzidos por fabricantes diferentes. Em muitos casos, trata-se de cópias mal feitas e produzidas por muitos fabricantes. Deste modo, aparecem novos campos de atividade para o designer industrial fora das empresas, onde pode atuar em proveito dos interesses dos usuários, melhorando a qualidade desses produtos. Estes campos de atividade ainda estão em expansão e estão abertos à conquista pelos designers. Por isto é importante mapear esses campos à procura de novas oportunidades de aplicação do design.

O crítico de design 10.2.1

O desenvolvimento e a configuração de produtos industriais se orienta mais para a satisfação das necessidades do indivíduo que às necessidades da coletividade. Isso significa que os aspectos negativos do produto também serão vividos individualmente. O consumidor se depara freqüentemente com produtos incompreensíveis e de má qualidade. Assim, torna-se importante praticar uma intensa orientação aos consumidores e fazer uma crítica pública dos produtos, a cargo de instituições independentes.

A competência do designer industrial na critica à configuração dos produtos poderia ser melhor aproveitada nos institutos de orientação e defesa do consumidor. Concretamente, o designer deveria ter a capacidade de analisar e julgar um grande número de produtos, com conhecimento das necessidades físicas e psíquicas de seus usuários. Como crítico de produtos, pode julgar especialmente os seus defeitos e os aspectos não mensuráveis. Dado o seu não comprometimento com os fabricantes, ele certamente poderia defender melhor os interesses do usuário.

Estas críticas poderiam ser apoiadas por apresentações visuais em revistas ou outros meios de publicação. Nas instituições de ensaios, através de análises comparativas dos produtos, o designer industrial poderia fazer sugestões para a melhoria dos produtos.

Em oposição a uma crítica conformista como a que se pratica em revistas tipo "boletim interno", podem-se realizar criticas construtivas dos produtos visando modificar a consciência dos usuários e induzi-los a um comportamento mais seletivo na compra.

O campo de atividade de "crítico de produtos" está ainda pouco desenvolvido. Isto poderia ser alterado com maior colaboração do designer industrial, nas associações de defesa do consumidor, institutos de testes de produtos, institutos de design, sindicatos, institutos de pesquisa, meios de comunicação, iniciativas populares e escolas.

O designer industrial como *expert* em planejamento e configuração do entorno 10.2.2

Um novo campo de atividade para o designer industrial se oferece na área do planejamento municipal. Esse campo foi definido por Bernd Meurer e Gert Selle (32), para ser desenvolvido como modelo na Fachhochschule Darmstadt. O designer municipal, previsto neste conceito, teria a tarefa de "estruturar o entorno com um processo de planejamento integrado com o poder público, coordenando a atividade dos profissionais envolvidos no design". Contudo, não se trata de um tipo especial de designer municipal e, sim, de um profissional com uma visão ampla e capaz de direcionar as tarefas em torno de um objetivo comum. As tarefas desse designer municipal seriam:

a) influenciar o relacionamento entre o público e os trâmites do planejamento junto à administração pública;
b) influenciar as estruturas de comunicação e decisão no âmbito dos poderes executivo e legislativo;
c) influenciar a prática de projetos de interesse público.

Para as tarefas do item *a*) se designam especialmente os planejadores e órgãos de decisão; para as tarefas do item *b*) designers gráficos e meios de comunicação; as do item *c*) serão realizadas pelos designers industriais em colaboração com o público e com os demais interessados no processo de planejamento e desenvolvimento, projetando produtos que atendam às necessidades da comunidade. Neste caso, a participação direta da comunidade garante uma nova qualidade desses produtos comunitários.

Além disto, o designer industrial pode atuar também como planejador do meio ambiente em processos de planejamento e desenvolvimento de maior amplitude, como no planejamento regional dos sistemas de transporte. Neste caso, estará integrado em uma equipe de especialistas (planejadores urbanos, planejadores de trânsito, sociólogos, psicólogos etc.) responsáveis pelas relações homem-produto-ambiente e a correspondente configuração dos produtos comunitários.

Nestes campos de atividade, o designer industrial poderia atuar representando o público. Dependerá da organização do ensino e do interesse dos estudantes, se os designers industriais no futuro serão mais ativos nesta área de atuação.

O teórico do design 10.2.3

Um designer industrial que tenha tendência intelectual para refletir sobre os problemas do design pode, por um lado, acrescentar conhecimentos para o avanço do conhecimento e, por outro, refletir sobre a importância social do design.

A indústria também demonstrará no futuro maior interesse pelo teórico do design, que tenha capacidade de elaborar teorias de aplicação para a prática diária. Tendo em vista que a execução do processo de design se mostra cada vez mais complicada, a tarefa de tais teóricos consistiria em desenvolver instrumentos para facilitar a aplicação do design industrial. O teórico do design deve desenvolver métodos para planejamento e projeto de produtos. Dentro do processo de design, atua na fase inicial, fazendo a análise do problema de design, na qual devem ser relacionados os diversos fatos conduzindo-os a uma idéia de produto. Também a argumentação teórica de todas as atividades de design de um empresa é incumbência do teórico de design.

O segundo tipo de teórico de design ocupa um papel reflexivo sobre a posição do design na sociedade e de sua importância. Suas sugestões não se destinam ao aperfeiçoamento do instrumental de design e, sim, à constante variação do mesmo visando satisfazer a todos os grupos sociais. Na reflexão sobre as possíveis variações no design, a este profissional interessam as condições existentes, a partir das quais se podem explicar as atividades do design. Em primeiro lugar lhe interessam os objetivos do design, na criação de valores desejados. Ele faz a análise reflexiva da situação existente e de suas condições, como das possíveis conseqüências das atividades do design. Desenvolve também idéias que devem colaborar na transformação de fatos negativos em oportunidades. Seu campo de atuação são as instituições de pesquisa, redações de revistas, escolas de design etc.

O pedagogo do design   10.2.4

Os interessados na compra de um produto de uso normalmente se deparam com múltiplas ofertas diferentes e em muitos casos se decidem emocionalmente por um produto que lhes é "simpático". Em tais circunstâncias a estetização do produto adquire especial importância para as empresas interessadas em sua venda. A adição de características estéticas para atrair a atenção dos interessados sobre o produto é uma técnica que visa captar a preferência daqueles que reagem de modo intuitivo. É essencial então capacitar as futuras gerações para que tenham uma visão crítica do nosso entorno material fabricado artificialmente. Há um vasto campo de atividade para os pedagogos de design, nas escolas básicas e superiores.

É evidente que o ensino das velhas disciplinas de educação artística deveria se ampliar para o estudo da ocupação do entorno pelo homem e a importância dos meios de comunicação. Assim, no estado de Nordrhein-Westfalen, a velha especialidade de "Educação Artística" das escolas básicas e superiores mudou de nome para "Arte/Design". Hermann Sturm, co-iniciador desta especialidade e dos novos planos de estudo, explica claramente que "a oportunidade de uma cooperação interdisciplinar no campo da configuração e da comunicação para uma formação qualificada de pedagogos de arte e design é oferecida nas escolas superiores em cujas especialidades se encontram os estudos para designers e para pedagogos de arte e design" (33). Dos planos de estudo para as escolas em Nordrhein-Westfalen para Arte/Design retiramos a seguinte afirmação:

"Os objetivos e métodos de ensino se aplicam em particular ao entorno perceptivo visual e tátil e à realidade estético-política na qual vive o aluno e servem à tarefa de capacitar o aluno para informar-se sobre este entorno, orientar-se nele, além de se instruir e se fazer útil tanto em nível individual como social" (34).

Novas atividades nas escolas de design   11

A motivação de um jovem para empreender os estudos de design industrial se baseia, na maioria das vezes em decisões pessoais e em preferências por atividades de configuração. O estudante deve capacitar-se para projetar produtos industriais, freqüentando um curso de design.

Ao iniciar seus estudos, um estudante deve, antes de tudo, perguntar-se qual é a prática profissional que lhe interessa e ampliar suas capacidades além do curso formal. Esta orientação se efetuava principalmente em campos de atividade muito claramente definidos, como os que se oferecem ao designer industrial nas empresas industriais e que relacionamos no item 10.1. As empresas industriais estão interessadas na habilidade do designer industrial para aumentar as oportunidades de venda dos produtos, como já vimos no item 7. A indústria exige dos estudantes de design uma intensa capacitação em configuração, conhecimentos e treinamento em projeto que assegurem o rendimento e a produtividade ao ingressar na empresa. Poderíamos contra-argumentar como Ralf Dahrendorf: "A tarefa central da formação não se baseia em produzir peças de reposição para o processo econômico e, sim, desenvolver as atitudes do homem; abrir as portas a múltiplas possibilidades de escolha e não amoldá-lo com base em supostas condições" (35). Isto significa que os campos de atividade que hoje se oferecem na indústria não devem ser as únicas metas na formação de estudantes de design industrial. A capacitação para melhorar produtos existentes é uma demanda básica dos estudantes de design; no entanto, hoje em dia, os estudantes devem se orientar cada vez mais para os problemas sociais que podem ser resolvidos por meio do design industrial.

Não é possível apresentar aqui os diversos conteúdos necessários aos estudos do designer industrial. Isto já foi feito em outro lugar (35). Aqui indicaremos apenas o sentido das novas atividades dos estudantes de design industrial e que importância isso tem na prática profissional. Palavras-chave para isto são os conceitos de "design técnico" e "design social".

No passado, os designers industriais na sua prática profissional e, por conseguinte, também os estudantes de design industrial nas escolas, preocupavam-se principalmente com os aspectos técnico-construtivos e técnico-produtivos da configuração de produtos. Isso levou a uma prática de projeto intensamente orientada ao produto, que ocupava o centro da atividade de projeto. Com isto, inevitavelmente os aspectos técnicos

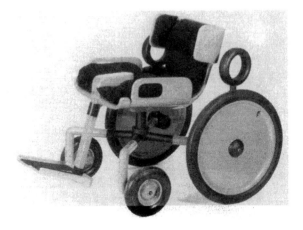

185.
Cadeira de rodas motorizada.
Designer: Jörgen Frey, Gesamthochschule de Essen (Alemanha).
Prêmio Braun 1974 — menção honrosa.

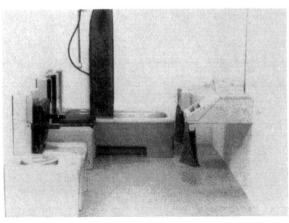

186.
Equipamentos de banheiro para deficientes físicos usuários de cadeiras de rodas.
Designer: Wolfgang Exner, Fachhochschule de Essen (Alemanha).

adquiriam máxima importância. Este tipo de configuração se denominou **design técnico**. As novas atividades nas escolas de design, ilustradas aqui por alguns exemplos, são orientadas para problemas de cunho social. O design privilegia soluções onde o produto não é mais o objeto central de interesse e, sim, o problema social colocado como ponto de partida dos estudos. O produto é somente uma forma de resolver esse problema social. Este tipo de configuração pode se denominar de **design social**. O design técnico está orientado para o produto e tem como meta a melhora e posterior desenvolvimento dos produtos existentes segundo critérios principalmente econômicos e de venda. O design social é orientado para os problemas sociais e tem como meta a melhoria das condições de vida de determinados grupos

187.
Jogo didático para crianças com problemas de visão.
Designer: Károly Szabó, Escola Superior de Arte de Budapeste (Hungria).
Prêmio Braun 1974 — menção honrosa.

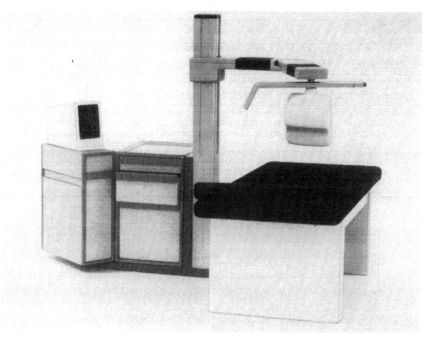

188.
Equipamento para ultra-som ginecológico.
Designer: Detlef Klein, Fachhochschule de Bielefeld (Alemanha).

189 + 190.
Protetor para cabeça de epiléticos.
Solução antiga e configuração nova.
Designer:
Klaus Honerlage,
Fachhochschule de Bielefeld (Alemanha).

189   190

sociais. Portanto, o designer coloca o problema dos usuários no centro das atenções do projeto.

Em uma época marcada pela superprodução, pela escassez de matérias-primas, pelo desemprego crescente e pelo progressivo consumo de bens duradouros, a tarefa do designer industrial não pode continuar como agora, promovendo diferenciações ainda maiores nos produtos já existentes, em variadas e conhecidas versões, mediante emprego de meios estéticos. É essencial conceber o designer industrial como um ente criativo que não só domine a configuração dos produtos até o último detalhe, mas que, além disto, tenha a capacidade de descobrir aquilo que nossa sociedade necessita de objetos que façam sentido. Por isso se iniciou uma mudança em nossas escolas de design, com a orientação para problemas técnicos cedendo lugar à orientação para problemas sociais de maior significado. Esperamos que este futuro seja bastante frutífero.

Apêndice

Referências bibliográficas

(1) David Krech/Richard S. Cruchtfield/Norman Livson, *Grundlagen der Psychologie*. Vol.1, Beltz Verlag, Weinheim, 1968; Versão castelhana: *Elementos de Psicologia*, Editorial Gredos, S/A Madri, 1969.

(2) Dennis Meadows *et al. Die Grenzen des Wachstums*, Rowohlt Verlag, Reinbek, 1973; Versão castelhana: *Los limites del crescimiento*, Fondo de Cultura Económica, México, DF 1975

(3) Alfred Kurella, *Der Mensch als Schöpfer seiner selbst*, Aufbau Verlag, Berlir.ı, 1958.

(4) Georgi Borisowski, *Form und Uniform*, Deutsche Verlaganstalt, Stuttgart, 1967.

(5) Bernd Löbach, *Unwelterkenntnisse*, Buche Verlag, Bielefeld, 1972.

(6) Jan Mukarovsky, *Kapitel aus der Ästhetik*, Surkamp Verlag, Frankfurt, 1971. Veja também do autor: *Escritos de Estética del Arte*, Ed. critica de Jordi Llovet, Editorial Gustavo Gili, S/A, Barcelona, 1977.

(7) Jochem Gross, *Erweiterter Funktionalismus und Empirische Ästhetik*, edição própria da Hochschule fur Bildende Künste, Braunschweig, 1973.

(8) Wolfgang Fritz Haug, *Kritik der Warenästhetik*, Surkamp Verlag, Frankfurt, 1965.

(9) Alexander Mitscherlich, *Die Unwirtlichkeit unserer Städte*, Surkamp Verlag, Frankfurt, 1971. Versão castelhana: *La inhospitalidad de nuestras ciudades*, Alianza Editorial S/A, Madri, 1969.

(10) Suzanne K. Langer, *Philosophie auf neuen wege – Das Symbol Im Denken, im Ritus und in der Kunst*, S.Fischer Verlag, Frankfurt, 1965. Versão castelhana: *Nueva clave de la filosofia – Un estudio acerca del simbolismo de la razón, del rito y del arte*, Editorial Sur, S.R.L., Buenos Aires, 1958

(11) Wend Fischer/Karl Mang, *Die Shaker*, Catálogo da exposição Die Neue Sammlung, Munique, 1974.

(12) Eric J. Hobsbawm, *Industrie und Empire – Band 1 Britische Wirtschaftsgeschichte seit 1750*, Surkamp Verlag, Frankfurt, 1969. Versão castelhana: *Indústria e Imperio Vol.1 História de la economia britanica desde 1750*. Editorial Ariel S/A, Esplugues de Llobregat, Barcelona,1977.

(13) Hans M. Wingler, *Das Bauhaus*, Gebr. Rasch & Co.,Bramsche e Verlag DuMont Schauberg, Colônia, 1962. Versão castelhana: *La Bauhaus, Weimar, Dessau, Berlin, 1919-1933*, Editorial Gustavo Gili, S/A, Barcelona, 1975.

(14) Dolf Sternberger, *Hopla wir leben – die 14 jahre der Weimar Republik in Bildern von Karl Arnold*, Fackelträger Verlag, Hannover, 1956.

(15) Heide Berndt/Alfred Lorenzer/kalus Horn, *Architektur als Ideologie*, Surkamp Verlag, Frankfurt, 1968. Versão castelhana: *La arquitectura como ideologia*, Ediciones Nueva Vision SAIC., Buenos Aires,1974

(16) Siegfried Kracauer, *Die angestellten*, Societäts Verlag, Frankfurt, 1930.

(17) Ralf Dahrendorf, "Uber den Ursprung der Ungleichheit unter den Menschen" em *Recht und Staat in Geschichte und Gesellschaft*, N° 232, Tübingen, 1961.

(18) Vance Packard, *Die geheime Verführer* Econ Verlag, Düsseldorf, 1957. Versão castelhana: *Las formas ocultas na propaganda*, Editorial Sudamericana, S/A, Buenos Aires, 1966. Versão brasileira: *A nova técnica de convencer*, Ibrasa, São Paulo,1965.

(19) Ludwig Leopold, *Prestige – ein geselschaftspsychologischer Versuch*, Verlag Puttkammer & Mülbrecht, Berlim, 1916.

(20) Heinz Kluth, *Socialprestige und sozialer Status*, Enke Verlag, Stuttgart,1957.

(21) Shulamit Kreitler, *Symbolschopfung und Symbolerfassung*, Reinhardt Verlag, Munique e Basiléia, 1965.

(22) Gui Bonsiepe, *Design im Ubergang zum Sozialismus*, Verlag Designtheorie, Hamburgo, 1974. Veja também do autor, em castelhano: *Disegño Industrial, Artefacto y Projecto*, Alberto Corazón Editor, Madri, 1975 e *Teoria y práctica del diseño industrial*, Editorial Gustavo Gili S/A, Barcelona,1978 e em português, *A "Tecnologia"da tecnologia*, Ed. Edgard Blücher Ltda., São Paulo, 1983 e *Design: do material ao digital*, Florianópolis, FIESC/IEL, 1997.

(23) Raymond Loewy, *Hässlichkeit verkauft sich schlecht*, Econ Verlag, Düsseldorf, 1953. Versão castelhana: *Lo feo no se vende*, Editorial Iberia, Barcelona, 1955.

(24) Bernhard E. Bürdek, *Design Theorie,- Methodische und systematische Verfahren in Industrial Design*, edição própria, Stuttgart 1971. Veja do mesmo autor *Diseño - História, teoria y práticadel diseño industrial*, Editora Gustavo Gili, S/A Barcelona 1985.

(25) Siegfried Maser, *Numerische Ästhetik*, Verlag Karl Kramer, Stuttgart,1970.

(26) Richard L. Gregory, *Auge und gehirn*, Kindler Verlag, Munique, 1966. Versão castelhana: *Ojo y cerebro-Psicologia de la visión*, Ediciones Guadarrama S/L, Madri, 1966.

(27) Conrad g. Mueller/M.Rudolph, *Licht und Sehen*, Rowohlt Verlag, Reinbek,1969.

(28) Manfred Kiemle, *Ästhetischer Probleme de Architektur unter dem Aspekte der Informationsästhetik*, Verlag Schnelle, Quickborn, 1967.

(29) Werner Nehls, *"Die Heiligen Kühe des Funktionalismus müssen geopfert werden"* e *"Revolution im Design? – ein Gespräch mit Werner Nehls*, em *Form N° 43*, 1968 pg. 4 a 9.

(30) Siegfried Maser, *"Methodische Grundlagen einer Werttheorie"* em *Arbeitsberichte zur Planungsmethodik 1*, Verlag Karl Kramer, Stuttgart,1969.

(31) Jochem Gross, *Empirische Ästhetik*, Edição própria da Hochschule für Bildende Künste, Braunschweig, 1972.

(32) Bernd Meurer/Gert Selle, *"Neue Wege an den Design-Ausbildungsstätten – Kommunaldesigner, ein Vorschlag aus Darmstadt"* em *Werk und Zeit* N° 3, 1973, pg. 6.

(33) Hermann Sturm, *"Design jetz als obligatorisches Schulfach"*, em *Form N°64*, 1973 pg. 28 a 30.

(34) *"Kunst/Design, Musik, Textilgestaltung" Lehrpläne für die Grund- und Hauptschule in NRW*, Henn Verlag, Ratingen, 1973.

(35) Ralf Dahrendorf, *"Die Zukunft der Freiheit"*, em *Die Zeit*, N° 3, 1975 pg.3.

(36) Odo Klose, *Fachstudienführer Kunst/Kunsterziehung/Design*, Lexika Verlag, Grafenau- Döttingen, 1973.

(37) Bernd Löbach, *"Industrie-Design and der Fachhochschule Bielefeld"*, Fachhochschule Bielefeld, 1974.

Índices

Pessoas

Arnold, Karl, 86, 88
Behrens, Peter, 82, 83, 93, 121
Berndt, Heide, 90, 176
Bertone, 105
Boem, Michael, 125
Bolte, Karl Martin, 95
Bonsiepe, Gui, 119
Borisowski, Georgi, 34
Brandt, Marianne, 87, 88
Breuer, Marcel, 85, 86, 88
Büntzow, Karsten, 51, 141, 152
Bürdek, Bernhard E., 154
Burnett, M., 71
Dahrendorf, Ralf, 94
Darchinger, 47
Deffner, Manfred, 12
Dell, Christian, 87
Eiermann, Egon, 19
Esselbrügge, Peter, 141, 152
Exner, Wolfgang, 201
Feininger, Lyonel, 85
Fischer, Wend, 72
Ford, Henry, 82
Frey, Jörgen, 202
Greenough, Horatio, 89
Grimm, Gerd, 20
Gropius, Walter, 83, 84, 85, 89
Gros, Jochen, 187
Hegel, Georg Wilhem Friedrich, 31
Herold, Willy, 179
Hirche, Herbert, 168
Hobsbawm, Eric J., 78
Honerlage, Klaus, 203
Horn, Klaus, 90
Itten, Johannes, 85
Johnson, Moses, 71
Kandinsky, Wassily, 85
Karnagel, Wolf, 126
Kiemle, Manfred, 174

Klee, Paul, 85
Klein, Detlef, 202
Korsch, Karl, 31
Kracauer, Siegfried, 93
Kreis, 120
Kurella, Alfred, 30
Labrouste, Henri, 88
Latham, Richard, 124
Le Corbusier, 89
Lehnartz, Klaus, 19
Leopold, Ludwig, 95
Loewy, Raymond, 121
Loos, Adolf, 89
Lorenzer, Alfred, 90
Mang, Karl, 72
Markovic, Mihailo, 31
Marx, Karl, 31, 92
Meadows, Dennis, 30
Meurer, Bernd, 197
Meyer, Hannes, 86
Michel, K., 160
Mitscherlich, Alexander 64, 90
Moholy-Nagy, Laszlo, 85
Mondrian, Piet, 85
Mukarovsky, Jan, 167
Müller, Gerd A., 26, 48
Panton, Verner, 112, 185
Paul, Bruno, 120
Pesce, Gaetano, 33
Przyrembel, Hans, 87, 88
Retzlaff, Horst, 33
Rietveld, Gerrit Thomas 68, 69, 70, 85
Rosenthal, Philip, 126
Schlemmer, Oskar, 85
Selle, Gert, 197
Sohns, Jürgen, 165
Sturm, Hermann, 199
Sullivan, Louis, 88
Szabó, Karoly, 202
Talon, Roger, 20
van de Velde, Henry, 120
van der Rohe, Ludwig Mies, 68, 70

van Doesburg, Theo, 85
von Gross, Günter, 61
Warner, Lloyd, 94
Wehner, Herbert, 47, 48
Wiinblad, Bjorn, 124
Wingler, Hans M., 83, 85, 87
Wirkkala, Tapio, 104, 123

Empresas industriais

AEG, Berlim, 82, 83
Alexanderwerk, Remscheid, 81, 82, 121
B. Sprengel & Co., Hannover, 44
Bayer AG, Leverkusen, 185
B & B, Milão/Itália, 33
Birkel KG, Schweim, 45
Braun AG, Kronberg, 29, 99, 116, 117, 164, 168, 177, 181, 183
Brown, Boveri & Co., Manheim, 53
Chevrolet, Detroit/EUA, 105
Citroën/França, 101
COR-Sitzkomfort, Rehda-Weidenbrück, 11
Coventry Mach Co., 80
Daimler-Benz AG, Stuttgart, 100
Erco-Leuchten KG, Lüdencheidt, 20
FAG Kugelfischer, Schweinfurt, 53
Frenzel Senffabrik, Düsseldorf, 43
Ibach-Piano, Schweim, 93, 121
Josef Lamy GmbH, Heidelberg, 26, 48
Knoll International, 70

Körting & Mathiesen, Leipzig, 87
Krupp GmbH, Essen, 135, 136, 137, 138
Krups (fábrica), 117
Krups, Robert, Solingen, 57
Lanco, Suíça, 174
Lengyel & Co, Berlim, 86
Miele-Werke, Gütersloh, 89, 111
Moser GmbH, Unterkirnach, 117
Neckermann, Frankfurt, 117
Obrey, França, 174
Olympia-Werke, Wilhemshaven, 127, 128, 128, 129, 131, 188
Opel AG, Russelsheim, 131, 132, 133, 134, 135
Phillips (fábrica), 117
Poggenpohl KG, Herford, 39
Remington, Frankfurt, 117
Rheinstahl-Henschel AG, Kassel, 63
Rodenstock Instrumente GmbH, München, 179
Rosenthal AG, Selb, 104, 106, 123, 124, 125, 126
Schwintzer & Graff, Berlim, 87
Sharp Brothers & Co., 79
Siemens Electrogeräte GmbH, München, 50, 65, 114, 115
Singer Sewing Co., 80
Sony, Japão, 169
Sulo Werke, Herford, 113

Volkswagenwerk AG, Wolfsburg, 110
Wega Radio GmbH, 49, 160
Wilkhahn, Eimbeckhausen, 59
WK Möebel, 189
Zeiss, Oberkochen, 160

Instituições

Bauhaus, 70, 81, 83, 84, 85, 86, 87, 88, 168, 174, 176, 177
Coleção Dexel, Braunschweig, 37
Deutschen Werkbund, 121
Deutsches Museum, Munique, 80
Die Neue Sammlung, Munique, 72, 75, 79
Escola Superior Profissional de Bielefeld, ver o verbete seguinte
Fachhochschule Bielefeld, 51, 60, 61, 141, 172, 203
Fachhochschule Darmstadt, 197
Hospital Infantil, ver verbete seguinte
Kinderkrankenhaus Seehospiz, Nordeney, 144
Massachusetts Institute of Technology (MIT) 30

p.206